科目別 過去問題集

SUPER
J-Book Series

2024高卒認定

スーパー実戦過去問題集

生物基礎

編集●J-出版編集部

制作●J-Web School

最新過去問題
&詳細解説
6回分
2021~2023年

J-出版

もくじ

高卒認定情報ほか

高卒認定試験の概要 …… 3
出願から合格まで …… 4
科目履修制度（未合格科目を免除科目とする） …… 6
傾向と対策 …… 7

問題／解答・解説

令和５年度　第２回 …… 9
解答・解説 …… 37
令和５年度　第１回 …… 43
解答・解説 …… 69
令和４年度　第２回 …… 77
解答・解説 …… 101
令和４年度　第１回 …… 109
解答・解説 …… 137
令和３年度　第２回 …… 145
解答・解説 …… 169
令和３年度　第１回 …… 175
解答・解説 …… 201
◆付録（解答用紙） …… 207

高卒認定試験の概要

1. 高等学校卒業程度認定試験とは

高等学校卒業程度認定試験（高卒認定試験）は、高等学校を卒業していないなどのため、大学等の受験資格がない方に対し、高等学校卒業者と同等以上の学力があるかどうかを認定する試験です。合格者には大学・短大・専門学校や看護学校などの受験資格が与えられるだけでなく、高等学校卒業者と同等以上の学力がある者として認定され、就職、転職、資格試験等に広く活用することができます。ただし、試験で合格要件を満たした者が満18歳に達していないときには、18歳の誕生日から合格者となります。

2. 受験資格

受験年度末の3月31日までに満16歳以上になる方。現在、高等学校等に在籍されている方も受験が可能です。ただし、すでに大学入学資格を持っている方は受験できません。

3. 実施日程

試験は8月と11月の年２回実施されます。8月試験と11月試験の受験案内（願書）配布開始日、出願期間、試験日、結果通知送付日は以下のとおりです（令和６年度の実施日程を基に作成しています。最新の実施日程については文部科学省のホームページを確認してください）。

	第1回（8月試験）	第2回（11月試験）
配布開始日	4月1日(月)～	7月16日(火)～
出願期間	4月1日(月)～5月7日(火)	7月16日(火)～9月6日(金)
試験日	8月1日(木)・2日(金)	11月2日(土)・3日(日)
結果通知送付日	8月27日(火)発送	12月3日(火)発送

4. 試験科目と合格要件

試験の合格者となるためには、合格要件に沿って８科目もしくは９科目の試験科目に合格することが必要です（「理科」の選択科目によって科目数が異なります）。

教科	試験科目	科目数	合格要件
国語	国語	1	必修
地理歴史	地理	1	必修
	歴史	1	必修
公民	公共	1	必修
数学	数学	1	必修
理科	科学と人間生活	2または3	以下の①、②のいずれかが必修 ①「科学と人間生活」の１科目と「物理基礎」、「化学基礎」、「生物基礎」、「地学基礎」のうち１科目（合計２科目） ②「物理基礎」、「化学基礎」、「生物基礎」、「地学基礎」のうち３科目（合計３科目）
	物理基礎		
	化学基礎		
	生物基礎		
	地学基礎		
外国語	英語	1	必修

5. 試験科目の出題範囲

試験科目	出題範囲（対応する教科書名）	
国語	「現代の国語」「言語文化」	令和４年４月以降の高等学校入学者が使用している教科書
地理	「地理総合」	
歴史	「歴史総合」	
公共	「公共」	
数学	「数学Ⅰ」	
科学と人間生活	「科学と人間生活」	
物理基礎	「物理基礎」	
化学基礎	「化学基礎」	
生物基礎	「生物基礎」	
地学基礎	「地学基礎」	
英語	「英語コミュニケーションⅠ」	

出願から合格まで

1. 受験案内（願書）の入手

受験案内（願書）は、文部科学省や各都道府県教育委員会、各都道府県の配布場所などで配布されます。ただし、配布期間は年度毎に異なりますので、文部科学省のホームページなどで事前に確認してください。なお、直接取りに行くことができない方はパソコンやスマートフォンで受験案内（願書）を請求することが可能です。

〈パソコンもしくはスマートフォンで請求する場合〉

次の URL にアクセスし、画面の案内に従って申し込んでください。　https://telemail.jp/shingaku/pc/gakkou/kousotsu/

○受験案内（願書）は、配布開始時期のおよそ1か月前から出願締切のおよそ1週間前まで請求できます。

○請求後、受験案内（願書）は発送日から通常3～5日程度で届きます。ただし、配布開始日以前に請求した場合は予約扱いとなり、配布開始日に発送されます。

○受験案内（願書）に同封されている支払方法に従って送料を払います。

○不明な点はテレメールカスタマーセンター（TEL：050-8601-0102　受付時間：9:30 ～ 18:00）までお問い合わせください。

2. 出願書類の準備

受験案内（願書）を入手したら、出願に必要な次の書類を用意します（令和5年度の受験案内を基に作成しています。内容が変更になる場合もあるため、最新の受験案内を必ず確認してください）。

①受験願書・履歴書
②受験料（収入印紙）
③写真２枚（縦４cm× 横３cm）　※同じ写真を２枚用意
④住民票または戸籍抄本
⑤科目合格通知書　※一部科目合格者のみ
⑥試験科目の免除に必要な書類（単位修得証明書、技能審査の合格証明書）　※試験科目の免除を申請する者のみ
⑦氏名、本籍の変更の経緯がわかる公的書類（戸籍抄本等）　※必要な者のみ
⑧個人情報の提供にかかる同意書　※該当者のみ
⑨特別措置申請書および医師の診断・意見書　※必要な者のみ
⑩出願用の封筒

①受験願書・履歴書
受験願書・履歴書の用紙は受験案内に添付されています。
②受験料（収入印紙）
受験科目が７科目以上の場合は 8,500 円、４科目以上６科目以下の場合は 6,500 円、３科目以下の場合は 4,500 円です。受験料分の金額の日本政府発行の収入印紙（都道府県発行の収入証紙等は不可）を郵便局等で購入し、受験願書の所定欄に貼り付けてください。
③写真２枚（縦４cm× 横３cm）
出願前６か月以内に撮影した、無帽・背景無地・正面上半身の写真を２枚（同一のもの）用意し、裏面に受験地と氏名を記入して受験願書の所定欄に貼り付けてください。写真は白黒・カラーいずれも可です。
④住民票または戸籍抄本（原本）
出願前６か月以内に交付され、かつ「本籍地（外国籍の方は国籍等）」が記載されたものを用意してください。マイナンバーの記載は不要です。海外在住の外国籍の方で提出が困難な場合は、必ず事前に文部科学省総合教育政策局生涯学習推進課認定試験第二係まで問い合わせてください。　TEL：03-5253-4111（代表）（内線 2590・2591）
⑤科目合格通知書（原本）
過去に高等学校卒業程度認定試験または大学入学資格検定において、一部科目に合格している方は提出してください。なお、紛失した場合は受験案内にある「科目合格通知書再交付願」で出願前に再交付を受けてください。結婚等により、科目合格通知書に記載された氏名または本籍に変更がある場合は、「⑦氏名、本籍の変更の経緯がわかる公的書類（戸籍抄本等）」をあわせて提出してください。
⑥試験科目の免除に必要な書類（単位修得証明書、技能審査の合格証明書）（原本）
試験科目の免除を申請する方は受験案内を確認し、必要書類を提出してください。なお、「単位修得証明書」が発行元で厳封されていない場合は受理されません。結婚等により、試験科目の免除に必要な書類の氏名に変更がある場合は、「⑦氏名、本籍の変更の経緯がわかる公的書類（戸籍抄本等）」をあわせて提出してください。
⑦氏名、本籍の変更の経緯がわかる公的書類（戸籍抄本等）（原本）
結婚等により、「⑤科目合格通知書」や「⑥試験科目の免除に必要な書類」に記載された氏名または本籍が変更となっている場合に提出してください。
⑧個人情報の提供にかかる同意書
外国籍の方で、過去に高等学校卒業程度認定試験または大学入学資格検定で合格した科目があり、「⑤科目合格通知書」の氏名（本名）または国籍に変更がある場合は、受験案内を確認して提出してください。
⑨特別措置申請書および医師の診断・意見書
身体上の障がい等により、受験の際に特別措置を希望する方は、受験案内を確認し、必要書類を提出してください。
⑩出願用の封筒
出願用の封筒は受験案内に添付されています。封筒の裏面に氏名、住所、電話番号、受験地を明記し、「出願書類確認欄」を用いて必要書類が揃っているかを再度チェックし、不備がなければ郵便局の窓口で「簡易書留扱い」にして文部科学省宛に送付してください。

3. 受験票

受験票等（受験科目決定通知書、試験会場案内図および注意事項を含む）は文部科学省から受験願書に記入された住所に届きます。受験案内に記載されている期日を過ぎても到着しない場合や記載内容に誤りがある場合は、文部科学省総合教育政策局生涯学習推進課認定試験第二係に連絡してください。　TEL：03-5253-4111（代表）　①試験実施に関すること（内線 2024・2643）　②証明書に関すること（内線 2590・2591）

4. 合格発表・結果通知

試験の結果に応じて、文部科学省から次のいずれかの書類が届きます。全科目合格者には「**合格証書**」、一部科目合格者には「**科目合格通知書**」、その他の者には「**受験結果通知**」が届きます。「**合格証書**」が届いた方は、大学入学資格（高等学校卒業程度認定資格）が与えられます。ただし、試験で合格要件を満たした方が満 18 歳に達していないときには、18 歳の誕生日から合格者となります。そのため、大学入学共通テスト、大学の入学試験等については、原則として満 18 歳になる年度から受験が可能となります。大学入学共通テストについては、独立行政法人大学入試センター　事業第一課（TEL：03-3465-8600）にお問い合わせください。「**科目合格通知書**」が届いた方は、高等学校卒業程度認定試験において１科目以上の科目を合格した証明になりますので、次回の受験まで大切に保管するようにしてください。なお、一部科目合格者の方は「**科目履修制度**」を利用して、合格に必要な残りの科目について単位を修得することによって、高等学校卒業程度認定試験合格者となることができます（「**科目履修制度**」については次のページもあわせて参照してください）。

科目履修制度（未合格科目を免除科目とする）

1. 科目履修制度とは

科目履修制度とは、通信制などの高等学校の科目履修生として未合格科目（合格に必要な残りの科目）を履修し、レポートの提出とスクーリングの出席、単位認定試験の受験をすることで履修科目の単位を修得する制度となります。この制度を利用して単位を修得した科目は、免除科目として文部科学省に申請することができます。高等学校卒業程度認定試験（高卒認定試験）の合格科目と科目履修による単位修得を合わせることにより、高等学校卒業程度認定試験の合格者となることができるのです。

2. 科目履修の学習内容

レポートの提出と指定会場にて指定回数のスクーリングに出席し、単位認定試験で一定以上の点数をとる必要があります。

3. 科目履修制度の利用

❶ すでに高卒認定試験で合格した一部科目と科目履修を合わせることにより高卒認定試験合格者となる。

高卒認定試験 既合格科目 ＋ 科目履修（残り科目を履修） ＝ 合わせて8科目以上 **高卒認定試験合格**

※最低1科目の既合格科目または合格見込科目が必要

① 苦手科目がどうしても合格できない方
② 合格見込成績証明書を入手し、受験手続をしたい方
③ 残り科目を確実な方法で合格したい方
④ 大学・短大・専門学校への進路が決まっている方

❷ 苦手科目等を先に科目履修で免除科目にして、残りの得意科目は高卒認定試験で合格することで高卒認定試験合格者となる。

科目履修（苦手科目等を履修） ＋ 高卒認定試験 科目受験 ＝ 合わせて8科目以上 **高卒認定試験合格**

※最低1科目の既合格科目または合格見込科目が必要

① 得意科目だけで高卒認定試験の受験に臨みたい方
② できるだけ受験科目数を減らしたい方
③ どうしても試験で合格する自信のない科目がある方
④ 確実な方法で高卒認定試験の合格を目指したい方

4. 免除を受けることができる試験科目と免除に必要な修得単位数

免除が受けられる試験科目	高等学校の科目	免除に必要な修得単位数
国語	「現代の国語」	2
	「言語文化」	2
地理	「地理総合」	2
歴史	「歴史総合」	2
公共	「公共」	2
数学	「数学Ⅰ」	3
科学と人間生活	「科学と人間生活」	2
物理基礎	「物理基礎」	2
化学基礎	「化学基礎」	2
生物基礎	「生物基礎」	2
地学基礎	「地学基礎」	2
英語	「英語コミュニケーションⅠ」	3

（注）上記に記載されている免除に必要な修得単位数はあくまで標準的修得単位数であり、学校によっては科目毎の設定単位数が異なる場合があります。

■科目履修制度についてより詳しく知りたい方は、J-出版編集部にお問い合わせください。

TEL：03-5800-0552
Mail：info@j-publish.net

傾向と対策

1．出題傾向

過去３年間の８月試験および 11 月試験の出題傾向は以下のとおりです。生物基礎の場合、同じ年度においては８月試験と 11 月試験で同じような範囲からの出題が比較的多く見られます。どの項目を確実に押さえなければならないかを確認のうえ学習を進めてください。

出題内容	令和３年度第１回	令和３年度第２回	令和４年度第１回	令和４年度第２回	令和5年度第１回	令和5年度第２回	配点
大問１　生物の特徴							５点×４
生物の多様性と共通性				●	●	●	
細胞の構造	●	●	●	●			
原核生物と真核生物		●	●		●		
酵素のはたらきと性質	●	●		●		●	
エネルギーと代謝	●	●	●	●	●	●	
細胞内共生説			●		●	●	
大問２　遺伝子とそのはたらき							５点×４
DNAとその構造	●	●	●	●	●	●	
遺伝子とゲノム	●		●			●	
細胞分化・遺伝子の発現	●	●					
染色体の構造			●	●			
細胞周期とDNAの複製	●	●	●	●	●	●	
タンパク質合成（転写・翻訳）		●	●	●	●	●	
大問３　生物の体内環境の維持							５点×５
体内環境と体液			●				
血球の役割		●		●	●		
心臓・腎臓・肝臓のはたらき	●	●	●	●	●	●	
自律神経・ホルモン	●	●	●	●	●	●	
免疫のしくみ	●	●	●			●	
免疫の応用				●	●		
大問４　植物の多様性と分布							５点×４
植生と環境	●	●	●	●			
植生の遷移	●	●	●	●	●	●	
世界のバイオーム		●	●	●		●	
日本のバイオーム		●	●		●		
バイオームの垂直分布	●			●	●		
大問５　生態系とその保全							５点×３
生態系のしくみ			●	●			
食物連鎖・食物網	●			●	●	●	
生態系における物質の循環	●	●	●		●	●	
生態系のバランスとその保全		●		●			
外来生物と絶滅危惧種	●	●	●			●	

（注）●は大問において主にその分野から出題されていることを示しており、ほかの分野からの出題がまったくないわけではありません。

2. 出題内容と対策

1 生物の特徴

生物に関するさまざまな内容のなかで主に細胞に焦点をあてた出題が多く見られます。また、共通性をテーマにした問題がよく出題されています。原核生物と真核生物の違いや共通性、ミトコンドリアと葉緑体が関わる代謝、代謝を進める酵素については頻出事項です。これらの内容について類似した出題が過去にも多く見られるため、できるだけ多くの問題をこなしておく必要があります。

2 遺伝子とそのはたらき

主に遺伝情報と DNA に関する出題となります。とくにヌクレオチドや塩基の種類など DNA の構造に関する問題は、ほぼ毎回の試験において出題されているといっても過言ではありません。ほかにもタンパク質の合成に関する問題や遺伝子とゲノムに関する問題がよく出題されています。内容的に難しい分野になりますが、的を絞って学習すれば確実に得点できる単元になります。

3 生物の体内環境の維持

生物基礎の内容のなかでも範囲が広く、それだけに出題数（配点）も多くなる単元です。重要事項としては、血液のはたらき、腎臓・肝臓の機能、ホルモンによる調節などが挙げられます。覚える用語も多く幅広く学習するのは大変ですが、過去問をこなしていけば自ずと重要となるテーマが見えてきます。問題を解きながら覚える内容を整理していくと効率よく学習できます。

4 植物の多様性と分布

主に植物に関する内容が問われます。重要な内容は遷移、バイオーム、日本の植生の３つになります。とくに遷移とバイオームについては種類が分かれますので、それぞれの違いをきちんと理解するようにしましょう。日本のバイオームごとの樹木名や植物の種類ごとの名称なども覚える必要がありますが、無理に細かい内容を覚えるよりも大きな枠組みで分類される内容を優先的に覚えるようにしてください。

5 生態系とその保全

この単元は出題数こそ多くないですが、範囲も限定されるので短期間で仕上げることができます。生態系におけるエネルギー循環と炭素の循環は頻出事項です。これについては図版などを参考に学習する必要があります。また、外来生物が生態系に及ぼす影響についてもさまざまな事例で出題されています。絶滅危惧種の個体名も確認しておきましょう。過去問でどのような事例が扱われているかを確認して学習を進めてください。

令和５年度 第２回
高卒認定試験

生物基礎

解答時間　50 分

注　意　事　項（抜粋）

＊　試験開始の合図前に，監督者の指示に従って，解答用紙の該当欄に以下の内容をそれぞれ正しく記入し，マークすること。

①**氏名欄**

氏名を記入すること。

②**受験番号**，③**生年月日**，④**受験地欄**

受験番号，**生年月日を記入**し，さらにマーク欄に**受験番号**（数字），**生年月日**（年号・数字），**受験地をマーク**すること。

＊　**受験番号，生年月日，受験地が正しくマークされていない場合は，採点できないことがある。**

＊　解答は，解答用紙の解答欄にマークすること。例えば，［10］と表示のある解答番号に対して②と解答する場合は，次の（例）のように**解答番号** 10 の**解答欄**の②に**マーク**すること。

（例）

解答番号	解　答　欄
10	① ● ③ ④ ⑤ ⑥ ⑦ ⑧ ⑨ ⓪

生 物 基 礎

（解答番号 1 ～ 20 ）

1 生物の特徴について，問1～問4に答えよ。

問1 次の文章は，生物の共通性について述べたものである。図1，図2中の空欄 ア と イ に入る語句の正しい組合せを，次のページの①～④のうちから一つ選べ。解答番号は 1 。

地球上の全ての生物は，共通の祖先に由来したものである。図1は，脊椎（せきつい）動物が，共通の祖先から進化してきた道筋を示したものである。脊椎動物は，水中生活をする魚類から陸上生活をする哺乳類まで多様で，ヒトもその中の一種であるが，いずれも脊椎をもつという共通性がある。これは，脊椎動物が，脊椎またはそのもとになる構造をもった共通の祖先に由来しているからだと考えられる。

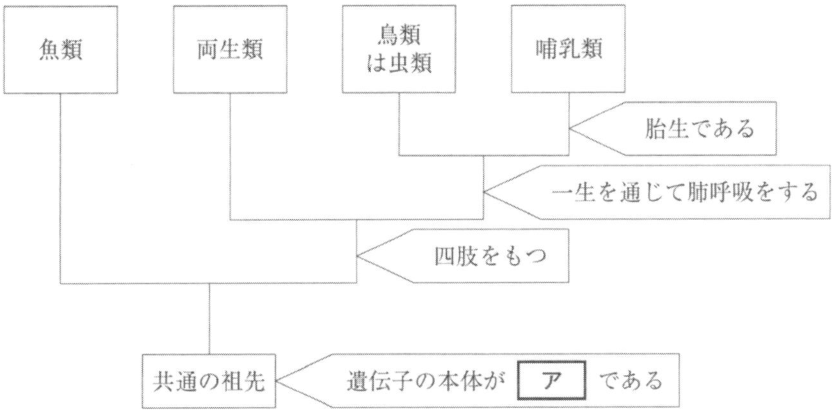

※ 四肢とは，二対のあしのこと。

図1

図2は，現生の4種類の生物が，共通の祖先から進化してきた道筋を，図1のように共通性とともに示したものである。

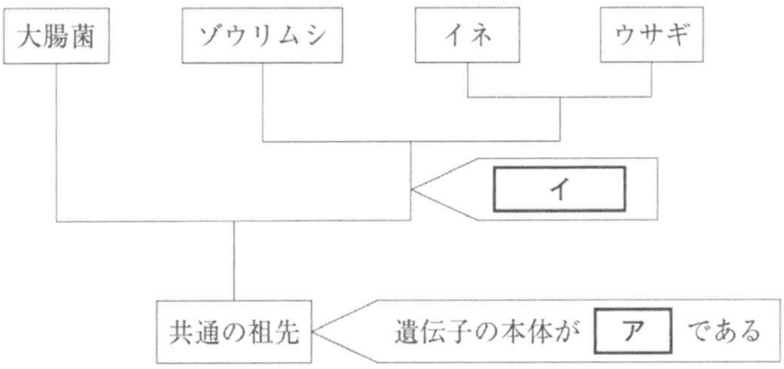

図2

	ア	イ
①	RNA	光合成を行う
②	RNA	核膜をもつ
③	DNA	光合成を行う
④	DNA	核膜をもつ

問 2 図3は，生体内での代謝におけるエネルギーの受け渡しを模式的に示したものである。図中の空欄 ウ ～ カ に入る語句の正しい組合せを，下の①～⑥のうちから一つ選べ。解答番号は 2 。

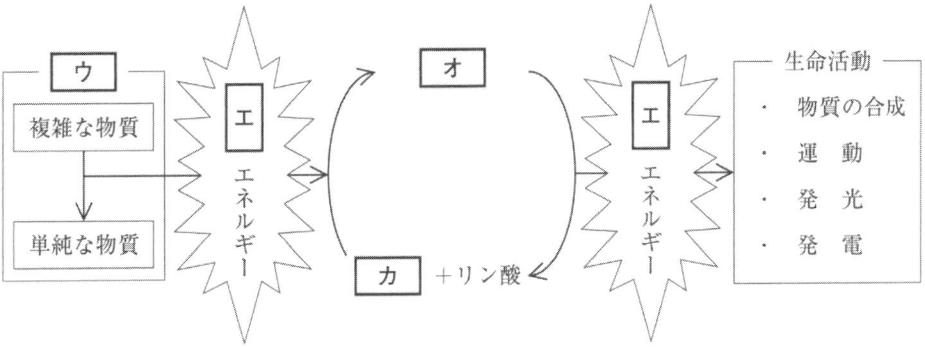

図3

	ウ	エ	オ	カ
①	同　化	光	ATP	ADP
②	同　化	光	ADP	ATP
③	同　化	化　学	ATP	ADP
④	異　化	光	ADP	ATP
⑤	異　化	化　学	ATP	ADP
⑥	異　化	化　学	ADP	ATP

問 3　次の文章は，酵素に関する実験について述べたものである。文章中の空欄 **キ** と **ク** に入る記号の正しい組合せを，次のページの①～④のうちから一つ選べ。
解答番号は **3** 。

過酸化水素は，常温ではゆっくりと水と酸素に分解されるが，短時間で目に見える気泡は発生しない。しかし，生体内に含まれる酵素が触媒として働くことで，速やかに分解され，短時間で目に見える気泡が発生する。

【方　法】

図4のように，3％過酸化水素水を入れた3本の試験管A～Cにそれぞれ試料として，試験管Aには石英砂，試験管Bにはニンジン片，試験管Cにはブタの肝臓片を入れて，反応の様子を観察した。

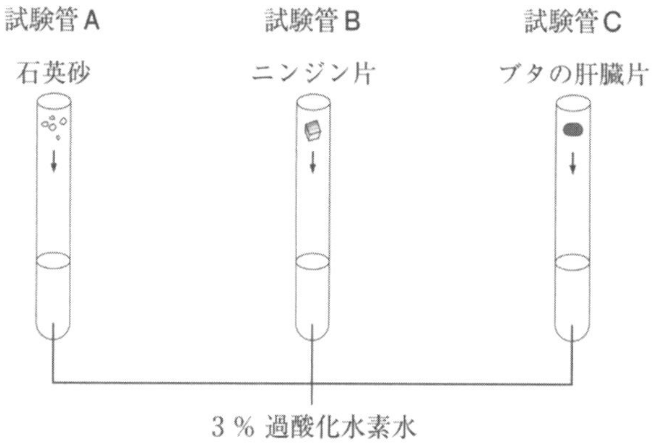

図4

【結　果】

・試験管Aでは，目に見える気泡は発生しなかった。
・試験管BとCでは，気泡が発生したが，しばらくすると止まった。

【考　察】

・試験管Cと試験管 **キ** の結果から，過酸化水素を分解する酵素は，ブタの肝臓片に含まれていることが分かる。
・試験管Cと試験管 **ク** の結果から，ブタの肝臓片に含まれる酵素と同じ働きの酵素が，試験管 **ク** の試料にも含まれていることが分かる。

	キ	ク
①	A	A
②	A	B
③	B	A
④	B	B

問 4　細胞内共生説(共生説)に関して述べた文章の正しい組合せを，下の①〜④のうちから一つ選べ。解答番号は［4］。

a　ミトコンドリアと葉緑体には，DNA が含まれない。

b　ミトコンドリアと葉緑体は，細胞内で分裂して増える。

c　酸素を用いて呼吸を行う細菌が，酸素を用いないで生命活動を営む単細胞生物に取り込まれ，共生するようになり，やがてミトコンドリアになった。

d　光合成を行うシアノバクテリアが，呼吸を行う細菌を取り込んだ単細胞生物に取り込まれ，共生するようになり，やがて葉緑体になった。

①　a，b
②　c，d
③　a，c，d
④　b，c，d

2 遺伝子とその働きについて，**問 1**～**問 4** に答えよ。

問 1 DNA の構造や特徴について述べた文章の正しい組合せを，下の①～⑤のうちから一つ選べ。解答番号は [5] 。

a DNA のヌクレオチド鎖は，糖とリン酸が交互に繰り返されている。

b DNA のヌクレオチドに含まれる糖は，リボースである。

c DNA は，2本のヌクレオチド鎖で構成された二重らせん構造である。

d DNA は，生物の体を構成する細胞の中に存在する。

e DNA の塩基対の数は，全ての生物において等しい。

① a，b，d

② a，b，e

③ a，c，d

④ b，c，e

⑤ c，d，e

問 2　次の文章は，遺伝子について述べたものである。文章中の空欄 ア ～ ウ に入る語句の正しい組合せを，下の①～⑤のうちから一つ選べ。解答番号は 6 。

生物は，それぞれの個体の形成，維持，繁殖などの生命活動に必要な全ての遺伝情報を含んだDNAをもっている。ある生物の生殖細胞がもつ全ての遺伝情報を ア という。受精卵には卵と精子に由来する染色体が含まれているため， イ 組の ア が存在している。 ア を構成するDNAには，「遺伝子として働く部分」と「遺伝子として働かない部分」が含まれている。

ヒトの皮膚の細胞や神経の細胞は，それぞれ異なった形態や機能をもつように分化する。これらの細胞には ウ 遺伝子が含まれているが，個体の部位に応じて発現する遺伝子が異なるからである。

	ア	イ	ウ
①	ゲノム	1	同　じ
②	ゲノム	2	同　じ
③	ゲノム	2	異なる
④	ヌクレオチド	1	異なる
⑤	ヌクレオチド	2	異なる

問 3 次の文章は，細胞周期について述べたものである。文章中の空欄 エ と オ に入る語句の正しい組合せを，下の①～⑥のうちから一つ選べ。解答番号は 7 。

体細胞分裂では，**図 1** のような細胞周期が見られる。細胞周期における細胞当たりの DNA 量を調べると， エ **期**の終わりには，元の DNA 量の 2 倍となる。

ある細胞では，細胞周期の長さは **G_1 期**(DNA 合成準備期) 9 時間，**S 期**(DNA 合成期)7.5 時間，**G_2 期**(分裂準備期)1.5 時間，**M 期**(分裂期) 1 時間であった。この細胞では，間期にかかる時間は オ 時間である。

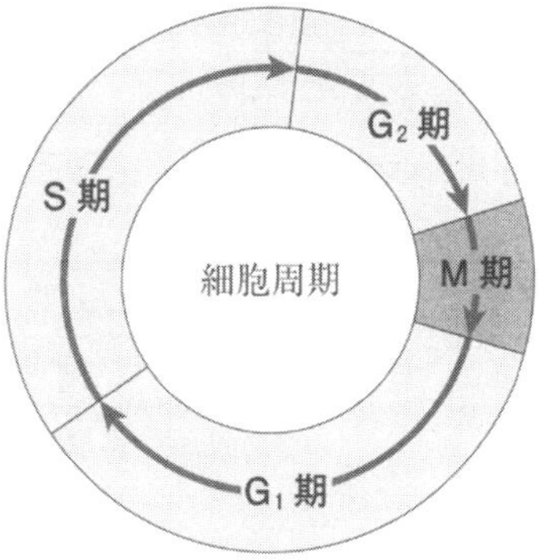

図 1

	エ	オ
①	M	17.5
②	M	18
③	S	17.5
④	S	18
⑤	G_2	17.5
⑥	G_2	18

問 4　次の文章は，遺伝情報の流れについてのミライとアユムの会話である。文章中の空欄 カ と キ に入る語句の正しい組合せを，次のページの①～④のうちから一つ選べ。解答番号は 8 。

ミライ：今日の授業で，タンパク質を合成する過程を学習したよ。ノートに記録するときに急いでしまい，遺伝情報の流れについて，**図 2** のように両方向の矢印を書いてしまったんだ。どちらの矢印が正しいのかな。

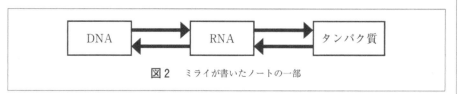

図 2　ミライが書いたノートの一部

アユム：タンパク質を合成する過程は，**図 2** の左から右に進んでいくんだよ。

ミライ：そうだったね。授業では，タンパク質はアミノ酸の数とその配列によって，その種類が決まることも学習したよ。

アユム： カ つの塩基配列が，１つのアミノ酸を指定するんだったね。

ミライ：**図 2** を見てみると，タンパク質の合成では，DNA の塩基配列が RNA に写し取られるね。つまり，RNA の塩基配列が分かれば，DNA の塩基配列も分かるよね。

アユム：ある生物から取り出した RNA の塩基配列が**図 3** の場合を考えてみよう。この生物の DNA には，どのような塩基配列があると考えられるかな。

ミライ：DNA は２本のヌクレオチド鎖からできているから，**図 4** と，**図 5** の キ になるね。

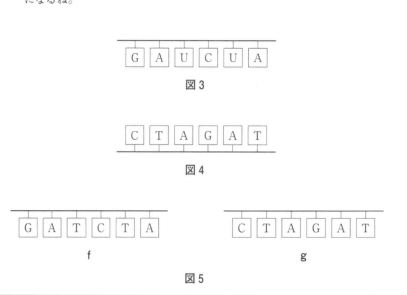

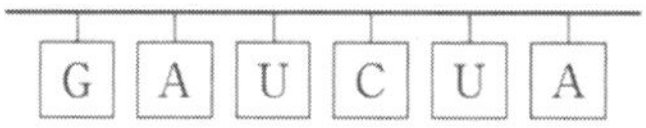

図 3

図 4

f　　　　g

図 5

	カ	キ
①	3	f
②	3	g
③	2	f
④	2	g

3 生物の体内環境について，**問1～問5**に答えよ。

問1 次の文章は，脈拍数の変化についてのミライとアユムの会話である。文章中の空欄 **ア** と **イ** に入る語句の正しい組合せを，次のページの①～⑥のうちから一つ選べ。解答番号は **9** 。

ミライ：次回の授業は，脈拍数(心拍数)の変化を調べる実験だよ。

アユム：実験プリント(**図1**)を読みながら，実験手順を確認しよう。

【実験方法】

1） 安静時の1分間の脈拍数を測定する。

2） 1分間の踏み台昇降運動を行い，運動直後に1分間の脈拍数を測定する。

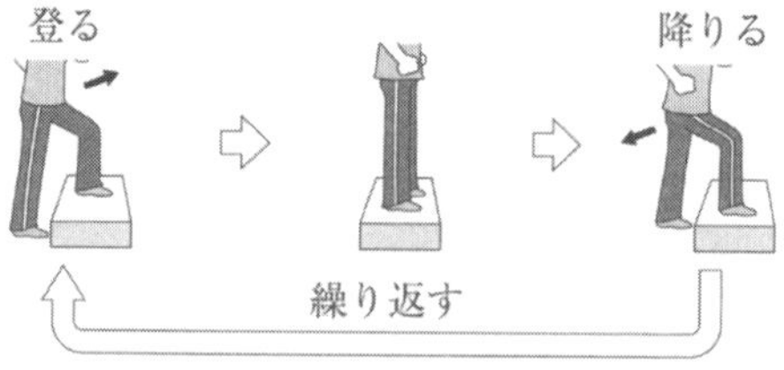

踏み台昇降運動

3） 運動後15分後，30分後に，それぞれ1分間の脈拍数を測定する。

【結果のまとめ】

クラスで得られた実験データの脈拍数の平均値をグラフにする。

図1

ミライ：一人のデータではなくて，クラスで測定した人の脈拍数の平均値で考えるんだね。

～　実験　～

アユム：1分間運動しただけなのに，息も脈拍数も激しくなったよ。運動前後のクラスの皆の脈拍数の結果(**表1**)をみると，皆似たような現象が起こっていたんだね。

表1

1分間の脈拍数	安静時	運動直後	運動後15分後	運動後30分後
ミライ	65	92	64	63
アユム	63	88	62	64
花　子	65	75	66	66
太　郎	47	65	48	47

ミライ：運動前後のクラスの脈拍数の平均値からグラフをつくると，［ア］（図2）のようなグラフになったよ。

アユム：ヒトには体の状態が一定の範囲に保たれる［イ］の仕組みがあると学んだね。

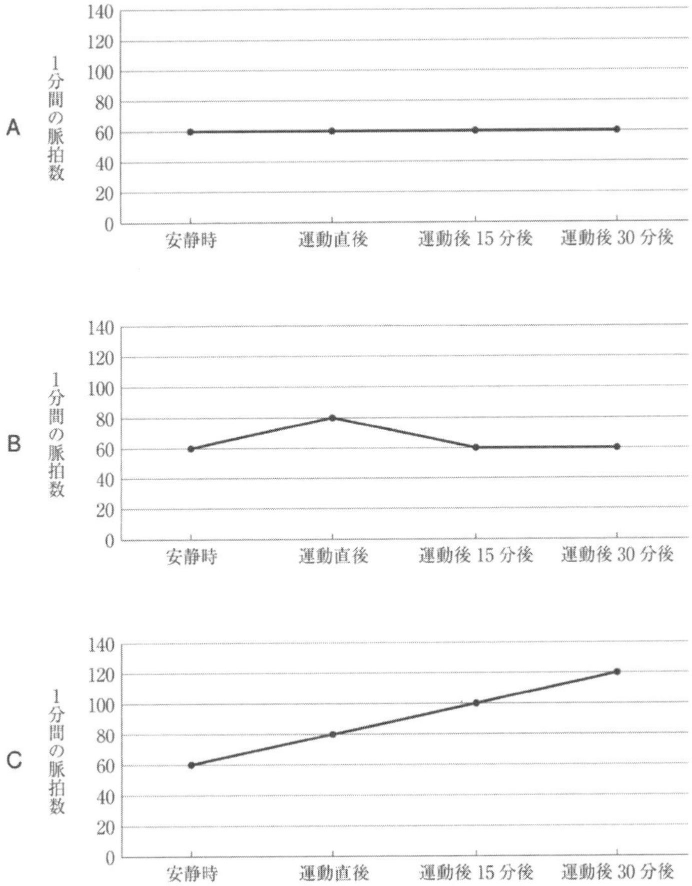

図2

	ア	イ
①	A	恒常性
②	A	フィードバック
③	B	恒常性
④	B	フィードバック
⑤	C	恒常性
⑥	C	フィードバック

問 2　自律神経系の働き，中枢，特徴について述べた文章の正しい組合せを，下の①～⑥のうちから一つ選べ。解答番号は [10] 。

【自律神経系の働き】

a　交感神経は，休息やリラックスしている時に働きが強くなる。

b　副交感神経は，休息やリラックスしている時に働きが強くなる。

【自律神経系の中枢】

c　大脳にある。

d　間脳の視床下部にある。

【自律神経系の特徴】

e　交感神経は，活発な活動や胃腸の運動の促進で働きが強くなる。

f　多くの器官では，交感神経と副交感神経の両方が分布しており，対抗的(拮抗的)にその働きが調節されている。

①　a，c，e
②　a，c，f
③　a，d，e
④　b，c，f
⑤　b，d，e
⑥　b，d，f

問 3 次の文章は，腎臓の働きについて述べたものである。文章中の空欄 ウ と エ に入る語句の正しい組合せを，下の①～④のうちから一つ選べ。解答番号は 11 。

ネフロンの構造と働きを模式的に表した図(**図 3**)中で，血液のろ過を表している矢印は ウ である。**表 2** の血しょうと原尿の成分を比較すると，原尿中にタンパク質が含まれないことから，タンパク質は原尿中に移動しないことが分かる。原尿と尿を比較すると分かるように，グルコースは全て エ 。

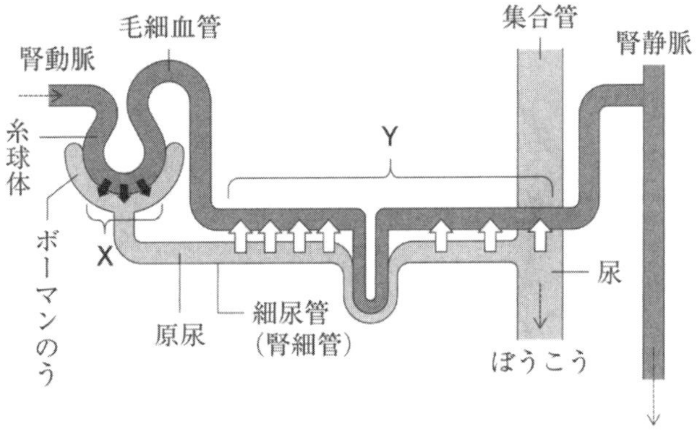

図 3

表 2

	質量パーセント濃度(%)		
成　分	血しょう	原　尿	尿
タンパク質	8.0	0	0
グルコース	0.1	0.1	0
尿　素	0.03	0.03	2.0

	ウ	エ
①	X(黒矢印)	再吸収される
②	X(黒矢印)	再吸収されない
③	Y(白矢印)	再吸収される
④	Y(白矢印)	再吸収されない

問 4　次の文章は，脳下垂体について述べたものである。文章中の空欄 オ と カ に入る語句の正しい組合せを，下の①～④のうちから一つ選べ。解答番号は 12 。

脳下垂体の前葉と後葉では，異なるホルモンが分泌される。後葉から分泌されるホルモンの オ は，神経分泌細胞でつくられ，神経分泌細胞内に蓄えられ，必要に応じて後葉から血液中に分泌される。前葉では，神経分泌細胞でつくられたホルモンが血液中に放出され，そのホルモンの調節を受けて前葉の細胞でホルモンがつくられる。このことから，脳下垂体の正しい図は，図 4 の カ であることが分かる。

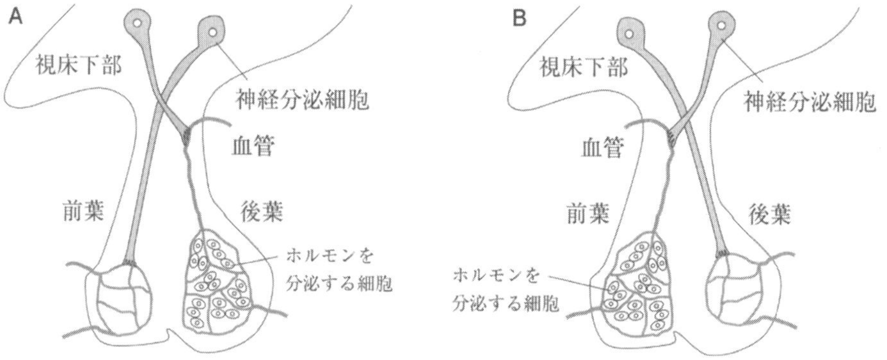

図 4

	オ	カ
①	甲状腺刺激ホルモン	A
②	甲状腺刺激ホルモン	B
③	バソプレシン	A
④	バソプレシン	B

問 5　次の文章は，免疫についてのミライとアユムの会話である。文章中の空欄 **キ** に入る記号の正しい組合せを，下の①～⑤のうちから一つ選べ。解答番号は **13** 。

ミライ：授業の発表で，私たちの班は体液性免疫の担当になったよ。黒板で説明する時に使う免疫細胞のカード(**図5**)をつくってみたよ。リンパ節の図を描いて，カードを使って免疫を説明するつもりだよ。

アユム：いいアイディアだね。私たちの班も同じようにリンパ節の図とカードを使って細胞性免疫を説明しようかな(**図6**)。カードを借りてもいいかな。

ミライ：いいよ。細胞性免疫にも樹状細胞とＴ細胞のカードは必要だから貸すね。

アユム：細胞性免疫でその他に使うカードは，**図5**のｇ～ｊのうちの **キ** だったよね。

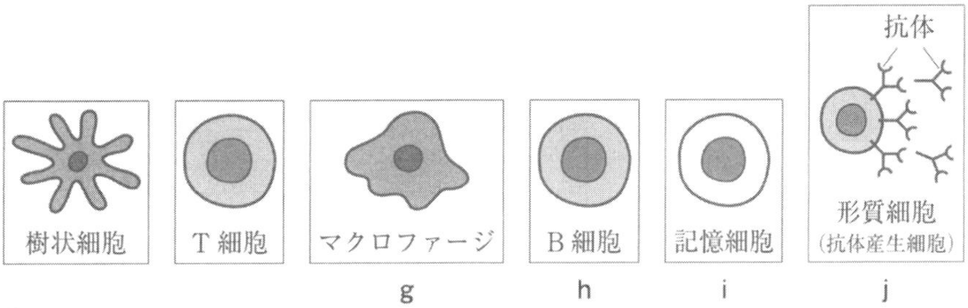

図5

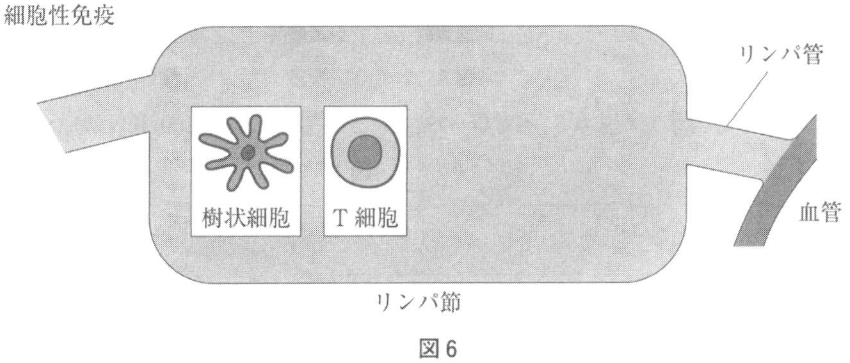

図6

① ｇ，ｈ

② ｇ，ｉ

③ ｇ，ｊ

④ ｇ，ｈ，ｉ

⑤ ｈ，ｉ，ｊ

4 植生の多様性と分布について，**問 1** ～**問 4** に答えよ。

問 1 次の文章は，樹木における光の強さと成長量の関係について述べたものである。文章中の空欄 ア ～ ウ に入る語句の正しい組合せを，下の①～④のうちから一つ選べ。解答番号は **14** 。

同じ高さの樹木の幼木(**種A～C**)を用意した。極相の森林内の林床(光の強さ 5 (相対値))とギャップ(光の強さ 100(相対値))の 2 地点にこれらの幼木を植えた。**図1**は，3 種の幼木を 2 年間生育させた後の成長量を示したものである。**種C**は，強い光の当たるギャップにおいて，3 種の中で最も成長量が大きいことから， ア 植物の特徴をもつと言える。また，**種** イ は，弱い光しか当たらない極相の森林内において，3 種の中で最も成長量が大きいことから， ウ 植物の特徴をもつと言える。

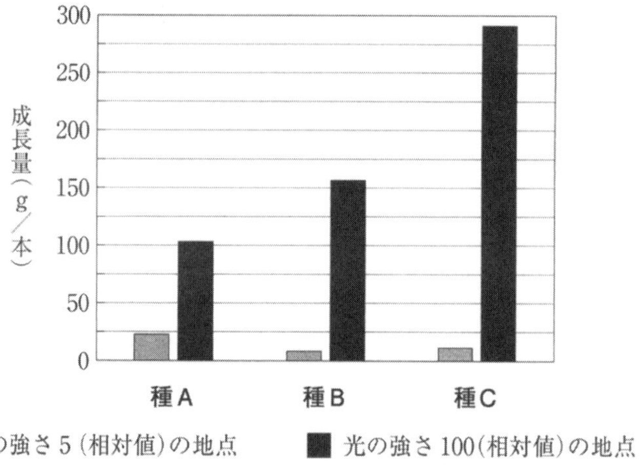

図 1

	ア	イ	ウ
①	陰　生	A	陽　生
②	陰　生	B	陽　生
③	陽　生	A	陰　生
④	陽　生	B	陰　生

問 2 次の文章は，噴火した跡地における光の強さと植生の高さについて述べたものである。文章中の空欄 エ ～ カ に入る語句の正しい組合せを，下の①～⑤のうちから一つ選べ。解答番号は 15 。

図2は，伊豆大島での異なる年代で噴火した跡地(**地点D～G**)の地表における光の強さ(相対値)と，植生の高さ(m)を示したものである。**地点D～G**において，直近に噴火した跡地は，光が最も エ ，かつ植生の高さが最も オ ことから，**地点** カ である。

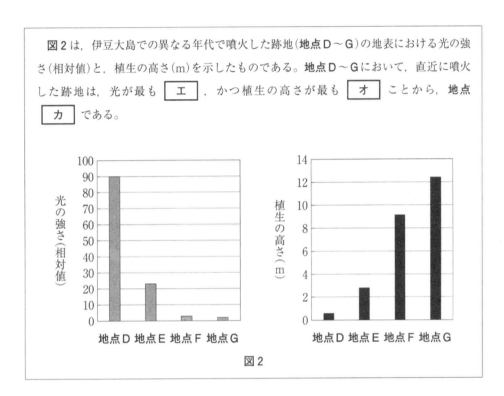

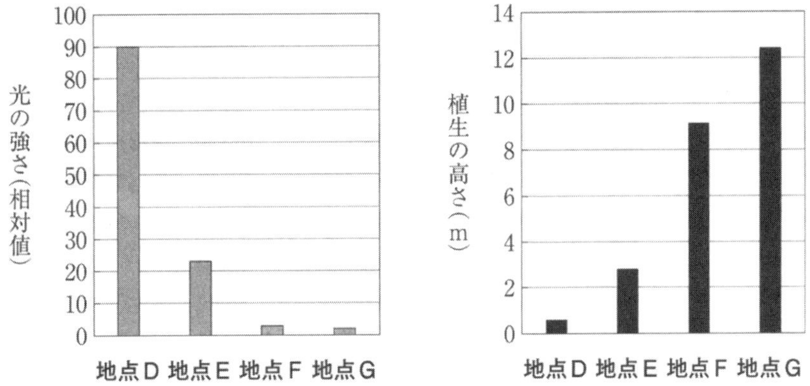

図2

	エ	オ	カ
①	強　く	低　い	D
②	強　く	低　い	G
③	強　く	高　い	F
④	弱　く	低　い	D
⑤	弱　く	高　い	E

問 3　次の文章は，バイオームについて述べたものである。文章中の空欄 [キ] と [ク] に入る語句の正しい組合せを，下の①～④のうちから一つ選べ。解答番号は [16] 。

カタクリは森林の林床に生育する草本で，関東南部のある地域では2月に地上に葉を出し，3，4月に花を咲かせた後，葉を落とし，翌年の2月まで地上には葉を出さない。カタクリは，冬季に林床へ光が当たりやすい [キ] 樹林に生育する。カタクリが生育するバイオームの林冠の写真は，**図3の写真** [ク] である。

写真H

写真I

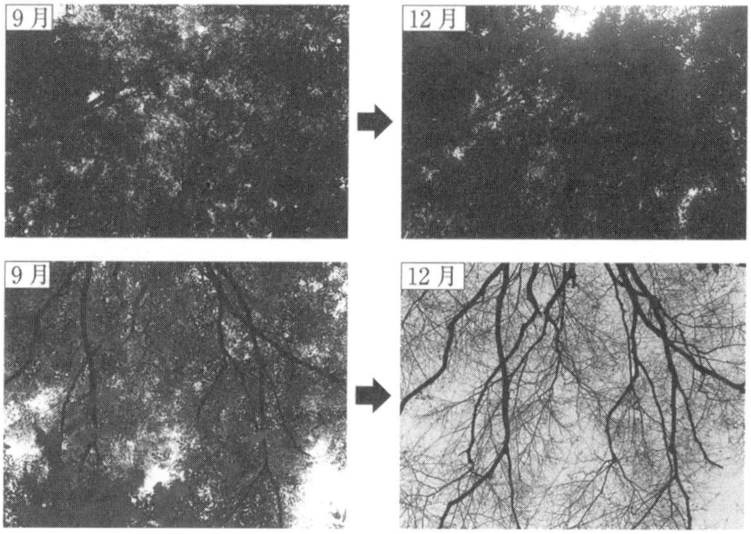

図3　（それぞれ同じ場所で林床から林冠を撮影）

	キ	ク
①	夏　緑	H
②	夏　緑	I
③	照　葉	H
④	照　葉	I

問 4　**図 4** は，アジア，オセアニアのある地域の**写真 J ～ L** と，そのバイオームの特徴を説明したものである。**図 5** は，アジア，オセアニアの地図で**図 4** の写真が撮影された**地点 X ～ Z** を示している。撮影された写真と，写真が撮影された地点の正しい組合せを，次のページの①～⑥のうちから一つ選べ。解答番号は [17] 。

写真 J

常緑広葉樹が優占種であり，樹高 50 m を超えるフタバガキなどがある。

写真 K

雨緑樹林よりも年降水量が少なく乾燥しており，また年平均気温も低く，イネ科草本(イネの仲間)が優占種となる。

写真 L

寒さに強く，細長い葉を持つ常緑針葉樹が優占種である。

図 4

図 5

	写真 J	写真 K	写真 L
①	地点 X	地点 Y	地点 Z
②	地点 X	地点 Z	地点 Y
③	地点 Y	地点 X	地点 Z
④	地点 Y	地点 Z	地点 X
⑤	地点 Z	地点 X	地点 Y
⑥	地点 Z	地点 Y	地点 X

5 生態系とその保全について，**問1**～**問3**に答えよ。

問1 次の文章は，脱炭素社会に関するミライとアユムの会話である。文章中の空欄 ア と イ に入る語句の正しい組合せを，下の①～④のうちから一つ選べ。
解答番号は 18 。

ミライ：脱炭素社会という言葉があちらこちらで聞かれるけど，炭素抜きの社会なんて成立しないんじゃないかな。だって炭素は有機物に含まれていて，有機物はそこら中にあるんだから。

アユム：脱炭素社会という言葉は，炭素を使わない社会という意味ではなくて，人間の活動の結果，排出された温室効果ガスを全体としてゼロにする社会という意味だよ。

ミライ：そうだったんだね。でも温室効果ガスには，フロンだけではなく，化石燃料を燃やすと出てくる ア もあるよ。排出をゼロにするのは難しいよ。

アユム：「排出を全体としてゼロ」というのは，温室効果ガスの「排出量」をゼロにするのではなく，森林などによる「吸収量」を増やして，「吸収量」と「排出量」を同じにすることで，結果的に温室効果ガスを増やさないようにすることを意味しているんだよ。

ミライ：そういう意味だったんだね。それなら，私たちができることとして， ア の「排出量」を減らすためには省エネが考えられるし，「吸収量」を増やすためには， イ などの環境保全活動に参加することも考えられるね。

アユム：脱炭素社会に向けて，身近なことから始めようかな。

	ア	イ
①	二酸化炭素	植　林
②	二酸化炭素	伐　採
③	メタン	植　林
④	メタン	伐　採

問 2　図 1 は，1967 年のアメリカ，ロングアイランド湾における表層の水，及びそこに生息する生物体内の DDT 濃度を示したものである。DDT とは，農薬として使用されていた化学物質であり，自然界では分解されにくい。図 1 の DDT の生物濃縮に関する正しい文章を，下の①～④のうちから一つ選べ。解答番号は 19 。

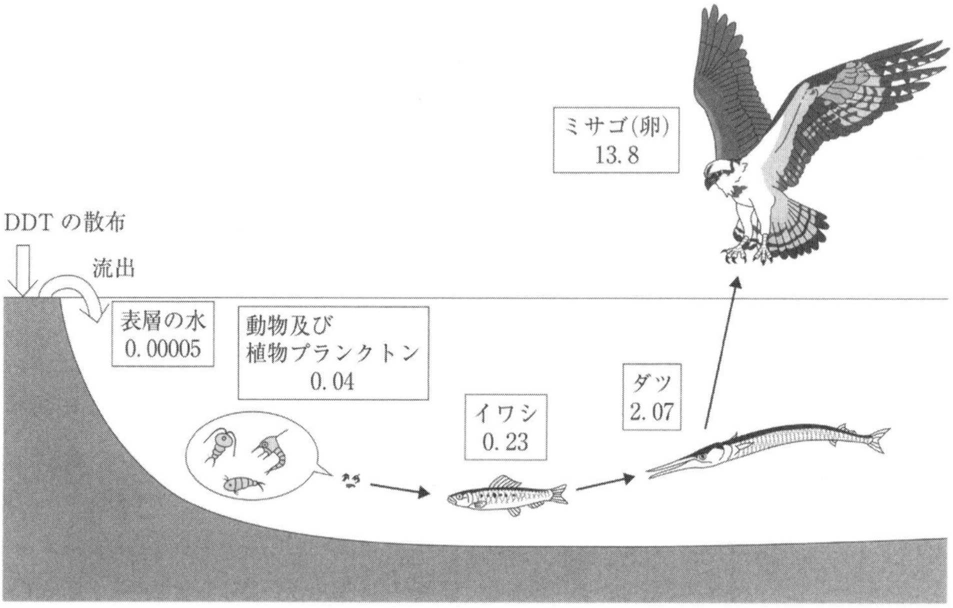

※　数値は，表層の水及び生物体内の DDT 濃度を ppm(質量の割合)で表している(1 ppm ＝ 100 万分の 1)。
※　矢印は被食される生物から捕食する生物に向かって描かれている。

図 1

① イワシでは，動物及び植物プランクトンに比べて 50 倍以上に DDT が濃縮されている。
② ミサゴ(卵)はダツに比べて 10 倍以上に DDT が濃縮されている。
③ イワシはダツよりも上位(高次)の栄養段階に属する生物であると推測できる。
④ 生体内の DDT の濃縮の程度は，栄養段階の上位(高次)になるにつれて必ず高くなる。

問 3 次の文章は，外来生物の影響についてのミライとアユムの会話である。文章中の空欄 ウ と エ に入る語句の正しい組合せを，次のページの①～④のうちから一つ選べ。解答番号は 20 。

ミライ：在来魚が，オオクチバスやブルーギルといった外来魚にどの程度影響を受けているのか研究しているんだけど，調べていたら興味深いデータを見つけたんだ。

アユム：どんなデータなの。

ミライ：これ(**図 2**)だよ。これは，日本全国 60 カ所の湖沼における外来魚の有無に対する在来魚の種数の平均を示したものだよ。

アユム：このデータの何がそんなに興味深いのかな。

ミライ：このデータから判断すると，オオクチバスとブルーギルが両方とも生息する場所では，在来魚の種数が ウ ということが分かるからだよ。

アユム：これは確かに興味深いね。なぜこうなるんだろう。

ミライ：透明度の平均を示したデータ(**図 3**)もあったから，環境の影響を考えられないかな。

アユム：透明度って，水の濁り具合を示す指標だよね。透明度について調べたら，直径 30 cm の白色円板を水中に下ろして，円板の白色が分からなくなる深さ(m)で決めるとあったよ。つまり，数値が高いほど深いところまで円板が見えているということだから，透明で濁りが少ないということだね。

ミライ：このデータを信頼するとすれば，オオクチバスとブルーギルが両方とも生息する場所の透明度は，オオクチバスのみの場所と比べると エ ということが分かるね。

アユム：特定の環境が，在来魚と外来魚の共存に有利になっている可能性があるかもしれないということか。一般的に言えることなのか，このことをもっと深く調べると面白い研究になりそうだね。

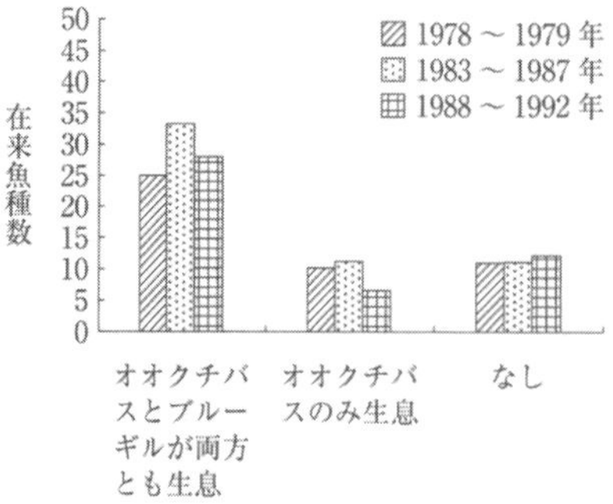

図 2

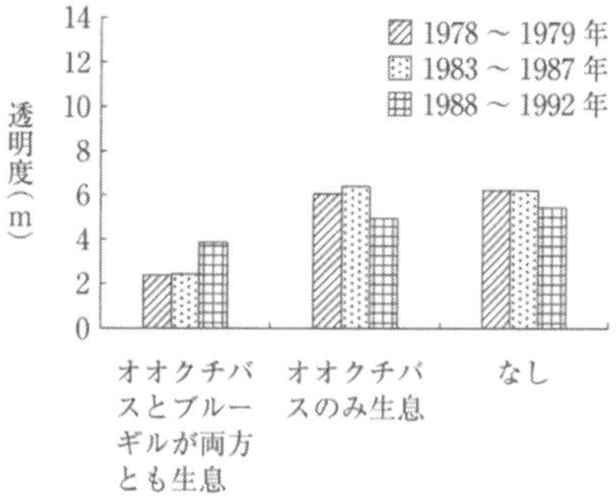

図 3

※　示されていない年代については，データはない。

	ウ	エ
①	多　い	高　い
②	多　い	低　い
③	少ない	高　い
④	少ない	低　い

令和５年度　第２回

解答・解説

【重要度の表記】

Ａ：重要度が高く確実に正答したい設問。しっかり復習する必要のある問題です。

Ｂ：重要度はＡレベルよりすこし下で、やや難易度が高い設問または内容を読み取る設問。高得点を狙う人は復習しましょう！

Ｃ：重要度が低い、または難解な設問。軽く復習する程度でよいでしょう！

令和５年度 第2回　高卒認定試験

【解答】

1	解答番号	正答	配点	2	解答番号	正答	配点	3	解答番号	正答	配点	4	解答番号	正答	配点	5	解答番号	正答	配点
問１	1	④	5	問１	5	③	5	問１	9	③	5	問１	14	③	5	問１	18	①	5
問２	2	⑤	5	問２	6	②	5	問２	10	⑥	5	問２	15	①	5	問２	19	④	5
問３	3	②	5	問３	7	④	5	問３	11	①	5	問３	16	②	5	問３	20	②	5
問４	4	④	5	問４	8	①	5	問４	12	④	5	問４	17	⑤	5	-	-		
-	-			-	-			問５	13	②	5	-	-			-	-		

【解説】

1

問１　図１は、脊椎動物の系統樹です。魚類・両生類・鳥類・は虫類・哺乳類を含めすべての生物は、遺伝子の本体がDNA（デオキシリボ核酸）であり細胞内に遺伝情報を保持している、という共通の特徴を持ちます。共通の祖先も、同じ特徴を持っています。RNA（リボ核酸）は遺伝子の本体ではなく、DNAの情報をもとにタンパク質をくみたてる担い手です。図２は、大腸菌・ゾウリムシ・イネ・ウサギの系統樹です。大腸菌は原核生物であるのに対し、ゾウリムシ・イネ・ウサギは真核生物です。これら生物は、図１と同様に細胞内に遺伝情報を保持している、という共通の特徴を持ちます。そして、真核生物は核膜に包まれた核を持っています。原核生物は、核をもちません。したがって、正解は④です。

解答番号【1】：④　　⇒ **重要度Ａ**

問２　複雑な物質から単純な物質へ分解することを異化といいます。有機物を二酸化炭素と水に分解する過程でエネルギーを取り出す呼吸のシステムが異化の代表例です。これに対して、単純な物質から複雑な物質へ組み立てることを同化といいます。異化で取り出されるエネルギーを化学エネルギーといいます。例えば、水（H_2O）には、水素（H）と酸素（O）が結合したものであり、この結合にはエネルギーが蓄えられています。このエネルギーは化学エネルギーです。そして、この化学エネルギーは、細胞内のADP（アデノシン二リン酸）にリン酸を結合させるエネルギーとして蓄えられます。ADPにリン酸が１つ結合したものをATP（アデノシン三リン酸）といいます。ATPに蓄えられたエネルギーは、ADPとリン酸に分解されることにより取り出されて、生命活動の必要に応じて利用されます。したがって、正解は⑤です。

解答番号【2】：⑤　　⇒ **重要度Ａ**

問３　実験結果より、ニンジン片とブタの肝臓片を過酸化水素水に入れると気泡が発生することが分かります。これより、ニンジン片とブタの肝臓片には、過酸化水素を分解して気体（酸素）を発生させる物質が含まれていることが分かります。これに対し、石英砂（せきえいさ）を過酸化水素水に入れた試験管から気泡が発生しなかったことより、石英砂には過酸化水素を分解させる物質が含まれていないことが分かります。問題文冒頭にあるように過酸化水素は自然におだやかに分解されますが、この分解速度を促進する物質を酵素といいます。根野菜（ニンジン）や肝臓片には、カタラーゼという過酸化水素の分解を促進する酵素が含まれます。過酸化水素は、酸素と水に分解されます。発生する気泡は酸素です。過酸化水素は、細胞内での呼吸において発生する有害な物質です。そのため、生体内の酵素の働きにより過酸化水素が分解される必要があります。石英砂とは、二酸化ケイ素が結晶化した鉱物です。したがって正解は②です。

解答番号【３】：②　　⇒**重要度Ａ**

問４　細胞内共生説とは、葉緑体とミトコンドリアはもともと原核生物で、宿主となる生物と共生関係をもつことで真核細胞が誕生したという説です。そのため、ミトコンドリアと葉緑体は、各々独自のDNAを持ち、細胞内でそれぞれ分裂して増えていきます。ミトコンドリアは細胞内で呼吸をおこなう細胞小器官です。酸素を用いて呼吸をおこなう原核生物（細菌）が、呼吸をおこなわない単細胞生物に入り込み共生しミトコンドリアになったと言われています。また、光合成を行うシアノバクテリア（原核生物）が、呼吸をおこなう細菌を取り込んだ単細胞生物に取り込まれて共生し葉緑体になったと言われています。したがって、正解は④です。

解答番号【４】：④　　⇒**重要度Ａ**

2

問１　DNAのヌクレオチド鎖は、糖とリン酸が交互に繰り返されています。DNAのヌクレオチドに含まれる糖はデオキシリボースです。リボースは、RNAを構成する糖の種類です。DNAは、２本のヌクレオチド鎖が塩基により結ばれたらせん構造をしています。DNAは、細胞の中に存在します。DNAの塩基対の数は、生物の種により異なります。ヒトの体細胞にはおよそ60億対の塩基対が存在するのに対し、大腸菌には約500万対の塩基対が存在します。したがって、正解は③です。

解答番号【５】：③　　⇒**重要度Ａ**

問２　ゲノムとは、ある生物の生殖細胞がもつすべての遺伝情報のことをいいます。卵には母親由来のゲノム１組が含まれ、精子には父親由来のゲノム１組が含まれます。その結果、受精卵には２組のゲノムが存在します。DNAには、遺伝子として働く部分と遺伝子として働かない、つまり、意味をなさない部分が含まれていて、両方合わせてゲノムといいます。ヒトの皮膚や神経の細胞は、異なる形質や機能をもっていますが、完全に同じ遺伝子が含まれていて、発現する遺伝子が異なるために形質や機能が異なっています。したがって、正解は②です。

解答番号【６】：②　　⇒**重要度Ａ**

問３　Ｓ期は、DNA 合成期といわれ DNA が複製される期間です。この間に、DNA 量が２倍になります。問題文「～期の終わりには、元の DNA 量の２倍となる」という記述より、Ｓ期であることが分かります。間期とは分裂期（Ｍ期）以外の期間である G_1 期・Ｓ期・G_2 期のことです。間期は、９時間（G_1 期）＋ 7.5 時間（Ｓ期）＋ 1.5 時間（G_2 期）＝ 18 時間ということがわかります。したがって、正解は④です。

解答番号【7】：④　　⇒ 重要度Ａ

問４　DNA の３つの塩基が１つのアミノ酸に対応しています。図３は RNA の塩基配列です。RNA の塩基配列より、転写前の DNA の塩基配列を読み解くことができます。DNA と RNA は、A-U、T-A、C-G、G-C という対応関係があります。図３の RNA 左端塩基の G に対し、図４の DNA の左端塩基は C となっています。DNA は２本鎖でできているため、図４の DNA の塩基に対して、もう片側の DNA 塩基は、A-T、T-A、C-G、G-C の対応関係で決まります。よって、図４に対応する DNA 鎖は、図４の DNA の左端塩基 C に対して G となっている f であることが分かります。したがって、正解は①です。

解答番号【8】：①　　⇒ 重要度Ｂ

3

問１　運動前後の体の変化を調べる実験です。図２は脈拍数の平均値のグラフです。各時での４人の脈拍数の平均値を算出してグラフを選ぶ事もできますが、表１の４人の脈拍数の変わり方は同じ傾向にあるため、一人の傾向を読み取ることで図２の正しいグラフを選ぶことができます。よって、運動直後にグラフが折れ曲がり、運動後 15 分と 30 分後には安静時の脈拍数に戻っている図２の B が正しいグラフとなります。体内の状態を一定の範囲に保とうとする仕組みを恒常性（ホメオスタシス）といいます。フィードバックとは、ホルモン等の分泌物やその効果が、一連の反応系の前段階に戻って影響を及ぼすことをいいます。したがって、正解は③です。

解答番号【9】：③　　⇒ 重要度Ａ

問２　自律神経において交感神経は興奮状態や活動状態にあるときにはたらき、副交感神経は休憩やリラックスしているときにはたらきます。自律神経の中枢は、間脳の視床下部にあります。大脳は、言語・記憶等の情報を処理する中枢です。多くの器官で、交感神経と副交感神経の両方が分布し、一方が器官のはたらきを促進し、もう片方が器官のはたらきを抑制するというように互いに拮抗的にはたらきます。交感神経は、活発な活動ではたらきが強くなり、胃腸のはたらきを抑制します。したがって、正解は⑥です。

解答番号【10】：⑥　　⇒ 重要度Ａ

問３　腎臓において、血液のろ過は糸球体とボーマンのうで行われます。表２のグルコースは、血しょうでは 0.1、原尿でも 0.1、尿では０と読み取れます。血しょうと原尿でグルコースの濃度が変わらないことによりグルコースは、いったんボーマンのうに全てろ過されて、細尿管で全て再吸収されるので、尿には含まれていないことが分かります。したがって、正解は①です。

解答番号【11】：①　　⇒ 重要度Ａ

問４　脳下垂体後葉では、腎臓の集合管で水の再吸収を促進し、体液の量や濃度を調節するバソプレシンというホルモンが分泌されます。バソプレシンは神経分泌細胞内でつくられ、後葉より腎臓に向けて分泌されます。これに対して前葉では、神経分泌細胞でつくられたホルモンにより、前葉の細胞で各種ホルモンの分泌が促されます。甲状腺刺激ホルモンは前葉から分泌されるホルモンです。図４のＡは、前葉にホルモンを分泌する細胞（内分泌細胞）がありません。図４のＢには、前葉に内分泌細胞が存在するため脳下垂体の正しい図だと分かります。したがって、正解は④です。

解答番号【12】：④　　⇒**重要度Ｂ**

問５　細胞性免疫とは、細胞の中に侵入した細菌やウイルスに感染した細胞に対して排除する生体防御機構です。まず、病原体を取り込んだ樹状細胞が抗原情報をＴ細胞に提示します。Ｔ細胞が抗原情報を認識すると活性化し、ヘルパーＴ細胞・キラーＴ細胞となり増殖し、一部が記憶細胞となります。感染部位で、キラーＴ細胞は感染細胞を見つけて感染細胞を丸ごと殺します。そして、マクロファージを活性化させて病原体に対して貪食作用を増殖させます。よって、細胞性免疫で必要な細胞は、樹状細胞・Ｔ細胞・記憶細胞・マクロファージとなります。したがって、正解は②です。

解答番号【13】：②　　⇒**重要度Ａ**

4

問１　図１より、種Ｃは光の強さ 100 の地点（強い光のもと）での成長量が一番大きいことが分かります。日当たりのよい環境でよりよく成長するというのは陽生植物の特徴です。よって、種Ｃは陽生植物です。また、種Ａは、光の強さ５の地点（弱い光のもと）での成長量が一番大きいことが分かります。日陰の環境でよりよく成長するのは陰生植物の特徴です。よって、種Ａは陰生植物です。したがって、正解は③となります。

解答番号【14】：③　　⇒**重要度Ａ**

問２　火山噴火が起こると、土壌が溶岩に覆われます。溶岩は岩石だけで有機物を含まず土壌は形成されていません。このため植物が育ちにくく、地衣類やコケ植物や草本類など低い高さの植生が優占します。また、日陰をつくるものがないため、地表における光の強さが強くなります。それら植物の生育にともない枯枝や枯葉が増えることで土壌が形成されていくと、優占する植物が低木林→高木林と変化していきます。森林の形成とともに、生い茂る葉により地表への光が遮られます。その結果、地表における光の強さが弱くなっていきます。したがって、正解は①です。

解答番号【15】：①　　⇒**重要度Ｂ**

問３　問題文より、カタクリは、「３、４月に花を咲かせた後、葉を落とし、翌年の２月まで地上には葉を出さない。」とあります。これより冬に葉を落葉させる落葉樹であるということがわかります。夏緑樹林の樹木は、厳しい寒さから身を守るために葉を落とす落葉樹です。照葉樹林は、冬の寒さが穏やかな地域で冬でも葉を落とさない常葉樹です。図３の写真Ｈは冬季である 12 月にも葉が生い茂っています。写真Ｉは、冬季である 12 月は葉が落葉して枝だけになっていることが分かります。よって、夏緑樹林であるカタクリの林冠の写真は写真Ｉです。したがって、正解は②です。

解答番号【16】：②　⇒ 重要度A

問４　図４の写真Ｊの説明文では、「常緑広葉樹が優占種であり、樹高 50 mを超える」とあります。これより、冬期も寒さが穏やかで常緑性の植物がよく育つ地域ということが分かります。よって赤道付近の地点Ｚのボルネオ・サバ州（マレーシア）が該当地域です。写真Ｋは、「雨緑樹林よりも年降水量が少なく乾燥しており、また年平均気温も低く、イネ科草本が優占種」とあります。これより、内陸部の低湿・乾燥となる気候で、樹木がほとんど存在しない草本が優先している地域だと分かります。よって、ユーラシア大陸内部の地点Xのドルノド（モンゴル）が該当地域です。写真Ｌは、「常緑針葉樹が優占種」とあることから亜寒帯地域であることが分かります。よって、地点Ｙの北海道（日本）が該当地域です。したがって、正解は⑤です。

解答番号【17】：⑤　⇒ 重要度B

5

問１　脱炭素社会とは、人間の活動により排出される二酸化炭素と、植物により吸収される二酸化炭素を差し引きゼロにする社会です。二酸化炭素・フロン・メタンなどの大気中の気体は、地球表面から放射される熱を吸収し、吸収された熱の一部は、地球表面に向かって放射され、地球表面の温度を上昇させます。これを温室効果といい、その原因となる気体を温室効果ガスといいます。有機物である石油・石炭・天然ガスなどの化石燃料を燃焼すると二酸化炭素が発生し、大気中の二酸化炭素量が増えます。増えた分の二酸化炭素量を差し引きゼロにするために、植物の光合成による二酸化炭素の吸収量を増やす必要があります。そのために、植林を行い樹木を増やす取り組みを行います。メタンは天然ガスの一つで、都市ガスとして使われているもので、化石燃料を燃やしたときに出てくるものではありません。したがって、正解は①です。

解答番号【18】：①　⇒ 重要度A

問２　生物濃縮に関する問題です。①プランクトンのDDT濃度は0.04ppmです。この50倍は、$0.04 \times 50 = 2$ ppmとなります。イワシのDDT濃度は0.23ppmのため誤りです。ダツのDDT濃度は2.07ppmです。この10倍は、$2.07 \times 10 = 20.7$ppmとなります。ミサゴ（卵）のDDT濃度は、13.8ppmなので②は誤りです。栄養段階とは、生産者が最下位に位置し、一次消費者、二次消費者と上に積みあがっていきます。イワシはダツにより捕食されるため、イワシよりダツの方が上位（高次）の栄養段階に属する生物です。よって③は誤りです。生体内のDDT濃縮は、栄養段階の上位になるにつれて高くなっていくことが図１より読み取れます。したがって、正解は④です。

解答番号【19】：④　⇒ 重要度A

問３　図２より、オオクチバスとブルーギルが両方とも生息する場所では、オオクチバスのみ生息する場所に比べて在来魚種数が多いことが分かります。また、図３より、オオクチバスとブルーギルが両方とも生息する場所は、オオクチバスのみ生息する場所に比べて透明度が低いことが分かります。問題文にあるように、「特定の環境が、在来魚と外来魚の共存に有利になっている可能性がある」ということが分かるデータです。したがって、正解は②です。

解答番号【20】：②　⇒ 重要度B

令和５年度 第１回
高卒認定試験

生物基礎

解答時間　50分

注　意　事　項（抜粋）

＊　試験開始の合図前に，監督者の指示に従って，解答用紙の該当欄に以下の内容をそれぞれ正しく記入し，マークすること。

①**氏名欄**

氏名を記入すること。

②**受験番号**，③**生年月日**，④**受験地欄**

受験番号，**生年月日を記入**し，さらにマーク欄に**受験番号**（数字），**生年月日**（年号・数字），**受験地をマーク**すること。

＊　**受験番号，生年月日，受験地が正しくマークされていない場合は，採点できないことがある。**

＊　解答は，解答用紙の解答欄にマークすること。例えば，［10］と表示のある解答番号に対して②と解答する場合は，次の（例）のように**解答番号**10の**解答欄**の②に**マーク**すること。

（例）

解答番号	解　答　欄
10	① ●(②) ③ ④ ⑤ ⑥ ⑦ ⑧ ⑨ ⓪

生　物　基　礎

（解答番号 1 ～ 20 ）

1 生物の特徴について，問 1 ～問 4 に答えよ。

問 1　次の文章は，生物の共通性について述べたものである。文章中の空欄 ア と イ に入る語句の正しい組合せを，下の①～④のうちから一つ選べ。解答番号は 1 。

> 全ての生物には「細胞が ア で囲まれること」，「DNA を イ としていること」などの共通性がある。このような共通性は共通の祖先をもつことに由来している。

	ア	イ
①	細胞壁	触　媒
②	細胞壁	遺伝物質
③	細胞膜	触　媒
④	細胞膜	遺伝物質

問 2　原核細胞と真核細胞の特徴について述べた文章の正しい組合せを，下の①～⑤のうちから一つ選べ。解答番号は [2] 。

a　動物細胞や植物細胞のように，核をもつ細胞を原核細胞という。

b　真核細胞は原核細胞と比較するととても小さく，肉眼で見ることはできないが，真核細胞のネンジュモ（シアノバクテリアの仲間）は多数集まって塊（かたまり）で存在することもある。

c　植物や動物の細胞内には，核やミトコンドリアなどがあり，それらを細胞小器官という。

d　大腸菌や乳酸菌などの細菌の細胞はDNAをもつが，核をもたず，DNAが細胞質基質中に存在する。

① a，b
② a，c
③ b，c
④ b，d
⑤ c，d

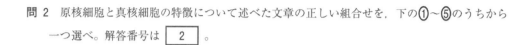

問 3　次の文章は，代謝とエネルギーについて述べたものである。文章中の空欄 ウ と エ に入る語句の正しい組合せを，下の①〜④のうちから一つ選べ。
解答番号は 3 。

筋肉による運動やホタルの発光など，エネルギーを利用する生命活動にはいろいろなものがある。これらの生物の細胞内では，物質の合成や分解といった化学反応が ウ の出入りを伴って行われている。
これらの反応は，ATP という物質を介して行われる。ATP は，全ての生物が共通してもつ物質で，アデノシンという物質に 3 個のリン酸が結合している。ATP のリン酸と エ の結合部には，広く生命活動に利用される多くのエネルギーが蓄えられている。

	ウ	エ
①	エネルギー	アデノシン
②	エネルギー	リン酸
③	クロロフィル	アデノシン
④	クロロフィル	リン酸

問 4　次の文章は，細胞内共生説（共生説）についてのミライとアユムの会話である。文章中の空欄 オ と カ に入る語句の正しい組合せを，次のページの①～④のうちから一つ選べ。解答番号は 4 。

ミライ：細胞内共生説の復習をしているんだけど，今から説明するから聞いてもらえるかな。

アユム：いいよ。じゃあ，説明してみて。

ミライ：細胞内共生説によると，祖先にあたる生物の細胞に，他の原核生物が共生することで現在の真核細胞のようになったんだ。初めに共生したのは光合成を行っていた原核生物で，確かシアノバクテリアの仲間だったかな。それが現在の葉緑体になったんだ。

アユム：ちょっと待って。初めに共生したのはシアノバクテリアではなく，呼吸を行う原核生物だよ。そうでないと，植物細胞だけに葉緑体があって，動物細胞と植物細胞の両方に オ がある理由が説明できないね。

ミライ：確かにそうだね。じゃあ，細胞内共生説を図に表すと カ のようになるということかな。

アユム：そうだよ。

ミライ：葉緑体や オ は，どうして元は別の生物だと言われているのかな。

アユム：それは葉緑体にも オ にも，独自の DNA が存在するからだよ。

ミライ：そうなんだ。

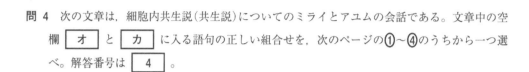

【 カ に入る図】

A

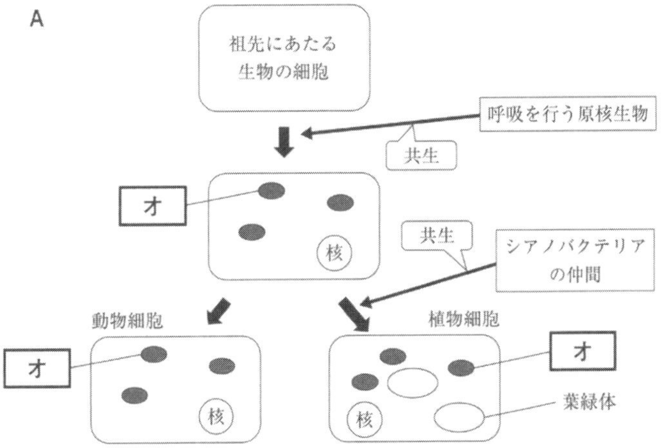

B

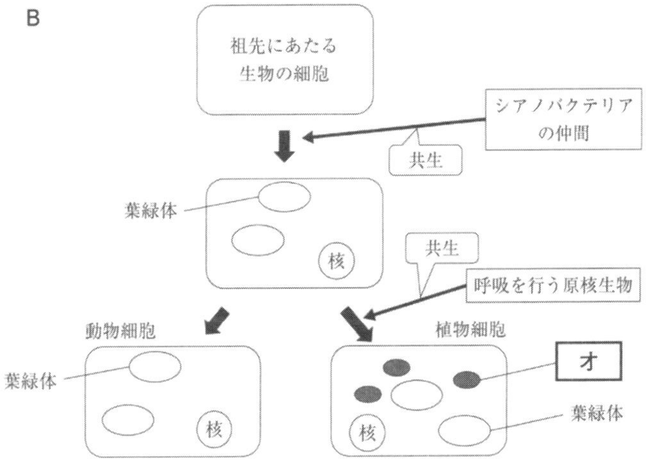

	オ	カ
①	液　胞	A
②	液　胞	B
③	ミトコンドリア	A
④	ミトコンドリア	B

2 遺伝子とその働きについて，**問1～問4**に答えよ。

問1 次の文章は，新しい種類のブドウについて述べたものである。文章中の空欄 ア と イ に入る語句の正しい組合せを，下の①～④のうちから一つ選べ。
解答番号は 5 。

> 2021年に初めて出荷された新しい種類のブドウ「クイーンルージュ」は，約10年をかけて異なる種類のブドウから開発された。このクイーンルージュは，果実の色が赤く，皮が薄いという性質をもつ。
> このように「果実の色が赤く，皮が薄い」などのような，生物の形や性質等の特徴を， ア と呼ぶ。クイーンルージュの ア に元の種類と共通の特徴が見られるのは，元の種類の イ を受け継いでいるからである。

	ア	イ
①	形　質	遺伝子
②	形　質	相補性
③	遺伝子	形　質
④	遺伝子	相補性

問 2　**図 1** は，DNA の構造を模式的に示したものである。DNA は点線で囲まれたヌクレオチドの繰り返しでできている。ヌクレオチドは **A** ～ **C** の３つの部分で構成されており，そのうち２つは DNA の全長にわたって同じ物質である。残る１つには何種類かの物質が存在しており，その並び方が遺伝情報を担っている。この「残る１つ」を表している部分は図中の **A** ～ **C** のどれか。また，それを構成する物質は何種類あるか。**残る１つを表している部分**と**その種類数**の正しい組合せを，下の①～⑥のうちから一つ選べ。解答番号は［ 6 ］。

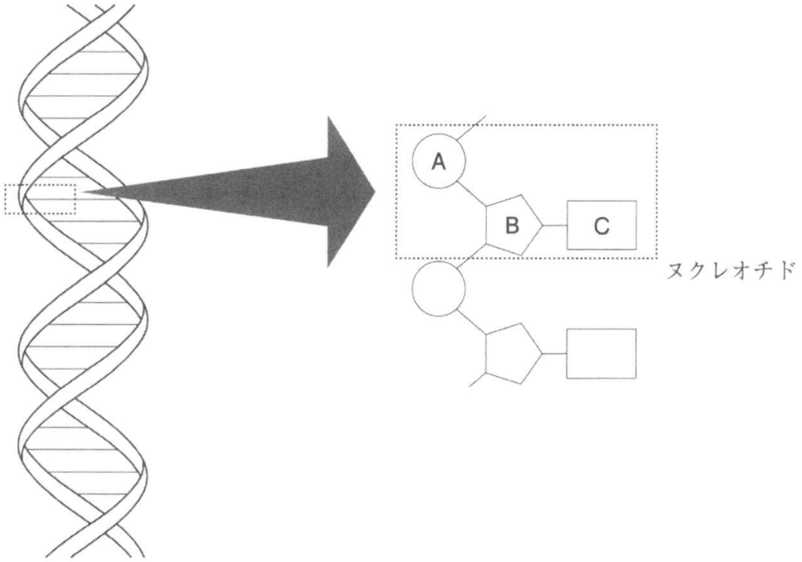

図 1

	残る１つを表している部分	その種類数
①	A	3
②	A	4
③	B	3
④	B	4
⑤	C	3
⑥	C	4

問 3 次の文章は，細胞分裂について述べたものである。文章中の空欄 ウ と エ に入る語句の正しい組合せを，下の①～④のうちから一つ選べ。解答番号は 7 。

図 2 は，光合成を行うある単細胞生物に 12 時間ごとの明暗周期を与えた時の細胞数の変化を表したものである。細胞数の変化を時間を追って示しており，縦軸に細胞数を，横軸に経過時間をとってある。

この図から細胞分裂に関して，暗期に入って 4 時間たった経過時間 16 時間後に細胞数が増加しはじめ，さらに，経過時間 20 時間後には細胞数が，経過時間 0 時間に比べて ウ 倍に増加し，この時には分裂期の細胞が エ ことが読み取れる。

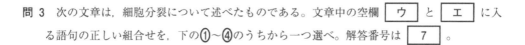

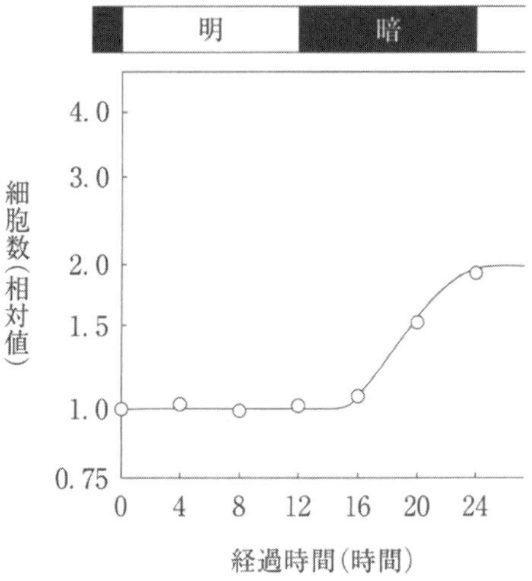

図 2

	ウ	エ
①	1.5	見られる
②	1.5	見られない
③	2.0	見られる
④	2.0	見られない

問 4　次の文章は，遺伝子の発現についてのミライとアユムの会話である。文章中の空欄 オ ～ キ に入る語句の正しい組合せを，下の①～④のうちから一つ選べ。解答番号は 8 。

ミライ：最近 RNA ってよく聞くね。
アユム：RNA の情報をもとに，アミノ酸が並べられて オ がつくられるんだったよね。
ミライ：RNA から オ が合成される過程は カ というんだよね。
アユム：RNA の情報は，DNA の塩基配列をもとに写し取られるんだったよね。
ミライ：DNA から RNA，RNA から オ という情報の流れを キ というんだよね。
アユム：RNA は感染症の予防にも利用されるようになってきたみたいだね。

	オ	カ	キ
①	炭水化物	セントラルドグマ	翻　訳
②	炭水化物	翻　訳	セントラルドグマ
③	タンパク質	セントラルドグマ	翻　訳
④	タンパク質	翻　訳	セントラルドグマ

3 生物の体内環境について，**問1～問5**に答えよ。

問1 次の文章は，体内環境とその維持について述べたものである。文章中の空欄 ア ～ ウ に入る語句の正しい組合せを，下の①～⑤のうちから一つ選べ。
解答番号は 9 。

ヒトの体をつくっている多くの細胞は，皮膚などの内側にあり，液体に浸っている。この体内の液体を体液といい，血管内を流れる ア ，リンパ管内を流れる イ などが含まれる。体液は，体内の細胞の周囲を取り囲んでおり，体内環境とも呼ばれる。ヒトでは，体温や体液の成分の濃度などを ウ することで，常に細胞や器官が活動しやすい状態をつくり出している。

	ア	イ	ウ
①	組織液	胃　液	一定の範囲に調節
②	組織液	リンパ液	体外環境(外部環境)に合わせて変わるように調節
③	血　液	胃　液	一定の範囲に調節
④	血　液	リンパ液	体外環境(外部環境)に合わせて変わるように調節
⑤	血　液	リンパ液	一定の範囲に調節

問 2　次の文章は，肝臓の働きについてのミライとアユムの会話である。文章中の空欄 エ ～ カ に入る語句の正しい組合せを，下の①～⑥のうちから一つ選べ。
解答番号は 10 。

アユム：昨日，肝臓の働きについて勉強したね。そう言えば，肝臓の働きが悪くなると目の白い部分などが黄色くなるって聞いたことがあるよ。

ミライ：黄疸（おうだん）のことだね。肝臓でつくられて脂肪の分解を助ける働きのある エ が関係あるみたい。 エ の主成分は，古くなった赤血球が脾（ひ）臓などで壊されてできるビリルビンという黄褐色の物質なんだけど，血液で肝臓に運ばれた後に，処理しきれないと血液中に出てしまうんだ。これが原因で体が黄色くなるんだよ。

アユム：よく知ってるね。ところで エ は肝臓でつくられた後，どうなるのかな。

ミライ： オ で一時的に蓄えられて，濃縮されてから十二指腸に放出されて，最終的には便として体外に排出されるよ。

アユム：なるほど。他にも肝臓の働きはあるのかな。

ミライ：今日は血糖濃度の調節と解毒作用を勉強したけど，他にも血しょう中に存在する カ の合成もあるみたい。 カ の具体例にはホルモンなどの様々な物質と結合して，それらを全身に運搬するアルブミンや，血液凝固に関係するフィブリンなどがあるよ。肝臓は血しょう中の カ を合成し，供給しているんだよ。

アユム：肝臓は物質の合成や分解に関する働きがたくさんあるから，生体の化学工場なんて言われるんだね。

	エ	オ	カ
①	尿　素	すい臓	タンパク質
②	尿　素	胆のう	グルコース
③	尿　素	すい臓	グルコース
④	胆　汁	胆のう	グルコース
⑤	胆　汁	すい臓	タンパク質
⑥	胆　汁	胆のう	タンパク質

問 3　次の文章は，自律神経系による調節についてのミライとアユムの会話である。文章中の空欄 キ ～ コ に入る語句の正しい組合せを，下の①～④のうちから一つ選べ。解答番号は 11 。

アユム：今日の生物基礎の授業は，自律神経系の話だったね。

ミライ：そうだね，一般に キ は，試験や試合のように緊張して行動する時に働く。 ク は休息時などに働く。こんな感じだったかな。

アユム：よく覚えているね。ところで，この前，片付けをしていたら数年前の日記が見つかって，懐かしくてその一部を写してきたんだ。

ミライ：見せて。

> 20●●年　●月●日(日)
>
> 今日はピアノの発表会だった。朝から心臓がどきどきしてた。最後の練習も手に汗をかいていて上手く弾けなかった。発表会は午後からだったけど，緊張で何も食べられなかった。
>
> 発表会の舞台ではライトがとてもまぶしく，観客の顔が見えなかったので，落ち着いて弾くことができて良かった。発表会の後は，急にお腹が空いた。
>
> 夜はご飯を何回もおかわりをして食べ過ぎた。でもその後はお腹がいっぱいになったせいか，急に眠くなってコップの水をこぼしそうになって大変だった。

ミライ：アユムには懐かしい日記かもしれないけど，私には今日の復習のように感じるよ。

アユム：確かに，「心臓がどきどきして」は心臓の拍動の ケ だね。

ミライ：そうそう。「何も食べられなかった」は胃腸の運動の コ だね。そう考えると，発表会の本番まで優位に働いていたのが キ で，食事が終わってから優位に働いたのが ク だとよく分かるね。

	キ	ク	ケ	コ
①	交感神経	副交感神経	抑　制	促　進
②	交感神経	副交感神経	促　進	抑　制
③	副交感神経	交感神経	抑　制	促　進
④	副交感神経	交感神経	促　進	抑　制

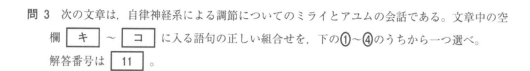

問 4　次の文章は，体温の調節について述べたものである。文章中の空欄 サ ～ ス に入る語句の正しい組合せを，下の①～⑥のうちから一つ選べ。解答番号は 12 。

図 1 は，ヒトの体温調節の仕組みについての模式図である。

ヒトは体温が低下すると，間脳の視床下部からその情報が伝えられ，代謝による発熱量が増加する。さらに，骨格筋が収縮と弛緩(しかん)を繰り返して熱が発生する。寒い時に体が震えるのは，そのためである。

また，図 1 の副腎髄質から分泌される サ は，肝臓などでの代謝を促進し，これが発熱量の増加につながる。

体温を上昇させるためには発熱量の増加と共に シ ，熱の放散を ス ような対処も重要である。

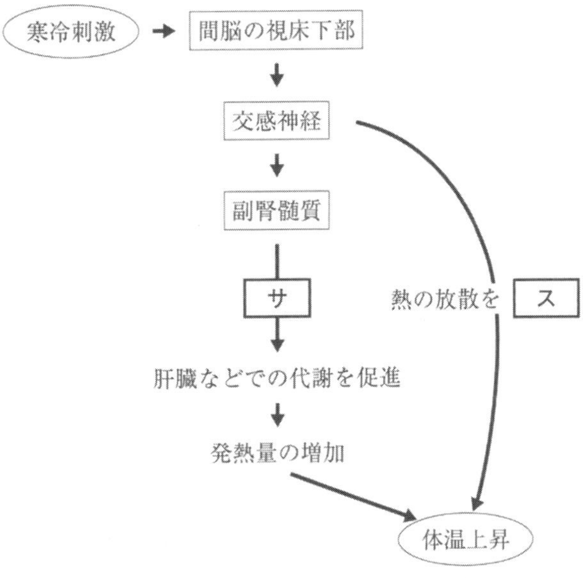

図 1

	サ	シ	ス
①	アドレナリン	発汗量を増やし	防　ぐ
②	アドレナリン	体表の血管の収縮を促し	促　す
③	アドレナリン	体表の血管の収縮を促し	防　ぐ
④	バソプレシン	発汗量を増やし	防　ぐ
⑤	バソプレシン	体表の血管の収縮を促し	促　す
⑥	バソプレシン	体表の血管の収縮を促し	防　ぐ

問 5　ヒト免疫不全ウイルス(HIV)はヘルパーT細胞に感染し，平均10年間の潜伏期間は無症状であるが，その後エイズ(後天性免疫不全症候群)を発症する。エイズに関する正しい文章を，次の①～④のうちから一つ選べ。解答番号は 13 。

① 体液性免疫にはヘルパーT細胞は関与しないため，B細胞は感染前と同じく正常に働く。

② HIVに感染したヘルパーT細胞は破壊され，獲得免疫(適応免疫)が正常に働かなくなり，健康な状態では発症しない感染症でも重症化しやすくなる。

③ HIVに感染したヘルパーT細胞は，全てキラーT細胞に変化する。

④ HIVに感染したヘルパーT細胞が，自己組織を攻撃するようになる。

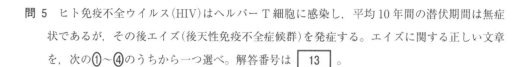

4 植生の多様性と分布について，問1～問4に答えよ。

問1 次の文章は，植生と遷移についてのミライとアユムの会話である。文章中の空欄 ア と イ に入る語句の正しい組合せを，下の①～④のうちから一つ選べ。
解答番号は 14 。

ミライ：この前，神奈川県の箱根の大涌谷(おおわくだに)という場所に行ってきたよ。大涌谷は，約3000年前の箱根火山の噴火と山崩れによってできた地形なんだ。ここには，赤茶けた地肌とか立ち枯れた木々があって，火山性ガスの臭いもして，刺激的な空間だったな。写真(図1)を見てよ。

図1

アユム：本当だ。煙がモクモクと出ているところは，火山性ガスの影響や地熱が高いために，ほとんど植物が生えていないんだね。

ミライ：うん。噴火や山崩れなどによってできたこのような裸地から始まる遷移を ア 遷移と言ったよね。近くで見ると，少しだけ植物が生えている場所もあったんだよ。こんな場所でも，高い地温や酸性土壌に強いイタドリなどの植物が生育しているんだ。

アユム：イタドリやススキは ア 遷移の初期に見られる植物だって習ったね。こうした植物は先駆種(パイオニア種)または先駆植物(パイオニア植物)と呼ばれ， イ 植物なんだね。もし，火山性ガスが止まって，山崩れも起こらずに遷移が進むと，大涌谷のような場所も長い時間をかけて，周りの山と同じような森林になっていくと考えられるんだね。

	ア	イ
①	一　次	養分(栄養塩類)が乏しい場所でも生育できる
②	一　次	水分が十分にないと生育できない
③	二　次	養分(栄養塩類)が乏しい場所でも生育できる
④	二　次	水分が十分にないと生育できない

問 2　次の文章は，林床の植物についてのミライとアユムと先生の会話である。文章中の空欄 ウ ～ オ に入る記号の正しい組合せを，次のページの①～④のうちから一つ選べ。解答番号は 15 。

ミライ：春先の山では，この時期に花を咲かせる色々な植物が見られますね。

先　生：そうですね。この写真（**図 2**）は，ニリンソウという植物の花です。ニリンソウは，夏緑樹林（落葉広葉樹林）の林床では生育できますが，照葉樹林（常緑広葉樹林）の林床では，生育しにくいと言われています。照葉樹林でも，林道や林の縁の部分で見られることはありますが，ニリンソウの生育場所にこのような特徴が見られる理由を考えてみてください。

図 2

アユム：林床の明るさと関係しているのかな。

ミライ：このグラフ（**図 3**）を使って考えてみようよ。早春に，照葉樹林の林床で生育できる植物を ウ ，ニリンソウのように夏緑樹林の林床で生育する植物を エ とすると，ニリンソウが照葉樹林の林床で育ちにくい理由が説明できそうだね。

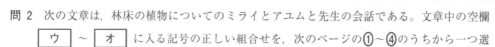

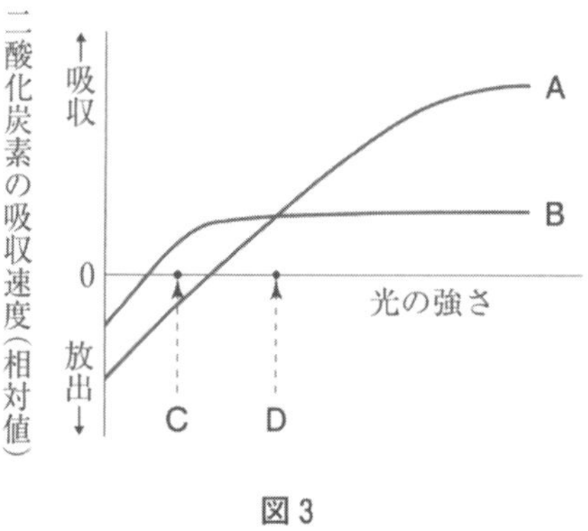

図 3

アユム：そうだね。たとえば照葉樹林の林床の光の強さが オ だと考えれば，ニリンソウは，そこでは生育できないね。

	ウ	エ	オ
①	A	B	C
②	A	B	D
③	B	A	C
④	B	A	D

問 3　図 4 は，伊豆大島に見られる様々な植生と，土壌および光環境についてまとめたものである。この図から考えられる土壌と光環境について述べた文章の正しい組合せを，下の①～⑤のうちから一つ選べ。解答番号は 16 。

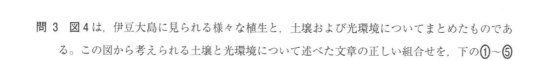

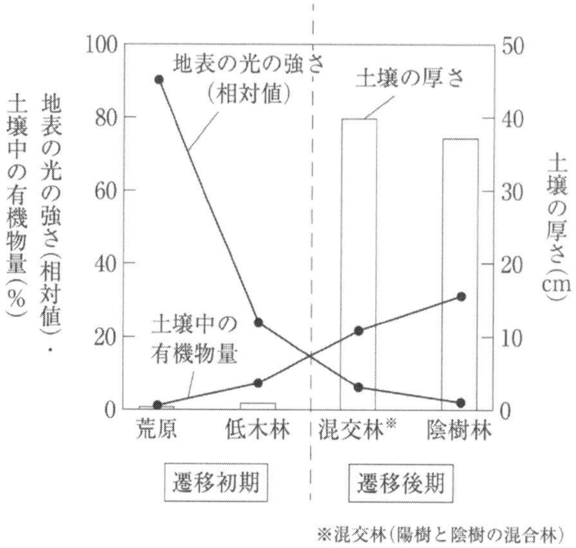

図 4

a　遷移の後期の土壌が，遷移の初期よりも厚いのは，後期になると植物の地下部分(根など)が減り，岩石の量が増えるためである。

b　遷移の初期の地表の光の強さ(相対値)が強いのは，樹高が高い植物が優占種として存在しているためである。

c　土壌中の有機物の量が遷移の初期よりも遷移の後期で増加するのは，落葉・落枝の量が多くなるためである。

① a
② b
③ c
④ a，b
⑤ b，c

問 4　次の文章は，屋久島の植生について述べたものである。文章中の空欄 カ と キ に入る語句の正しい組合せを，下の①～④のうちから一つ選べ。解答番号は 17 。

樹齢千年をこえる屋久杉が見られるスギ林がある屋久島は，九州南端から約 60 km 南に位置する島である(**図 5**)。屋久島には，九州一の高さである宮之浦岳(標高 1936 m)をはじめとする標高 1800 m 級の山々がある。このため，沿岸部(標高 0 m)と山間部では標高に差があり，気温にも違いが出てくる。屋久島では，海岸付近のバイオームは カ で，ガジュマルやアコウといった樹木が見られる。少し標高が上がると，スダジイなどの照葉樹林が見られる。このように標高の違いによって生じるバイオームの分布を キ という。

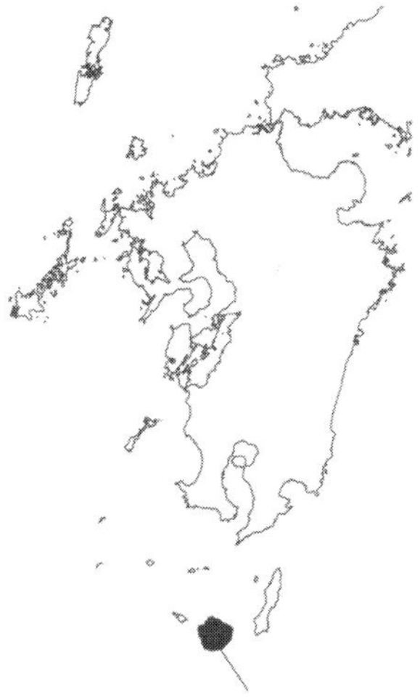

図 5

	カ	キ
①	亜熱帯多雨林	水平分布
②	亜熱帯多雨林	垂直分布
③	雨緑樹林	水平分布
④	雨緑樹林	垂直分布

5 生態系とその保全について，**問1**～**問3**に答えよ。

問1 次の文章は，キツネの餌（えさ）についてのミライとアユムの会話である。文章中の空欄 ア ～ エ に入る語句の正しい組合せを，下の①～⑥のうちから一つ選べ。
解答番号は 18 。

ミライ：野生のキツネは，ウサギ，ネズミ，昆虫，木の実なんかを食べているらしいよ。
アユム：何を食べているのか，どうやって調べるのかな。
ミライ：糞（ふん）を調べたり，遺体が入手できた時は胃の内容物を調べるんだって。
アユム：なるほど。キツネは ア を食べるから一次消費者だし， イ を食べるから二次消費者でもあると言えるね。
ミライ：そう，キツネだけを見ても，食う食われるといった関係は多様だね。さらに，他の生物を見ると，生物どうしのつながりは ウ と呼ばれるような複雑なものなんだよ。
アユム：そして，糞に含まれる有機物は菌類・細菌などの エ によって無機物になるのね。

	ア	イ	ウ	エ
①	ウサギ，ネズミ	木の実	食物網	分解者
②	ウサギ，ネズミ	木の実	階層構造	分解者
③	ウサギ，ネズミ	木の実	階層構造	草本類
④	木の実	ウサギ，ネズミ	階層構造	草本類
⑤	木の実	ウサギ，ネズミ	食物網	草本類
⑥	木の実	ウサギ，ネズミ	食物網	分解者

問 2　次の文章は，窒素の循環についてのミライとアユムの会話である。文章中の空欄 オ と カ に入る語句の正しい組合せを，下の①～④のうちから一つ選べ。
解答番号は 19 。

ミライ：この前，歴史の先生に江戸時代のトイレの話を聞いたんだ。
アユム：どんな話なの。
ミライ：江戸時代のトイレは，排泄物（はいせつぶつ）を溜（た）めておくようになっていたけど，その排泄物が，売買されていたようなんだ。それも，大名屋敷のものは高い値段で売られていて，庶民のものは安かったみたいだよ。
アユム：どうして，値段の差がついたのかな。
ミライ：身分による差があったのかもしれないけど，肥料としての効果にも違いがあったようだよ。つまり，大名屋敷では，タンパク質など窒素分を多く含むものが食べられていたことから，排泄物の肥料としての価値も高かったと考えられるよ。
アユム：なるほど，ヒトと農作物との間で窒素が移動していることになるね。
ミライ：排泄物に含まれるタンパク質などは多くの種類の細菌によって分解されてアンモニウムイオン(アンモニウム塩)などになり，これが オ の働きにより硝酸イオン(硝酸塩)になったりして，植物に吸収されるんだよ。
アユム：細菌がいないと移動しないんだね。
ミライ：排泄物を肥料として与える以外にも，田植えの前にゲンゲ(レンゲ)という植物の種（たね）を蒔（ま）いて生（は）やしておいて，これを土に混ぜて肥料にするという方法もあるよ。
アユム：なんでゲンゲなの。
ミライ：ゲンゲはマメ科の植物で，根に空気中の窒素を利用できる カ が共生しているんだ。ゲンゲを土に混ぜてしまえば，肥料を与えたのと同じことになるんだよ。

	オ	カ
①	硝化細菌(硝化菌)	根粒菌
②	硝化細菌(硝化菌)	納豆菌
③	脱窒素細菌	根粒菌
④	脱窒素細菌	納豆菌

問 3 次の文章は，大気中の二酸化炭素濃度についてのミライとアユムと先生の会話である。文章中の空欄 **キ** に入る正しい語句を，次のページの①～④のうちから一つ選べ。
解答番号は **20** 。

ミライ：大気中の二酸化炭素濃度の変化を示すデータ(**表 1**)があったので，この表の数字を使って，グラフ(**図 1**)を書いてみました。先生，このグラフを見てください。

表 1

	3 月	6 月	9 月	12 月
1989 年	359.5	354.3	351.3	358.5
1994 年	365.4	358.8	355.8	364.9
1999 年	375.3	367.2	363.9	373.7
2004 年	385.2	378.6	373.9	383.5
2009 年	394.2	388.2	382.2	393.3
2014 年	406.2	399.8	393.1	405.7
2019 年	419.4	410.5	407.2	419.0

※単位は ppm（1 ppm は 100 万分の 1 を表す）

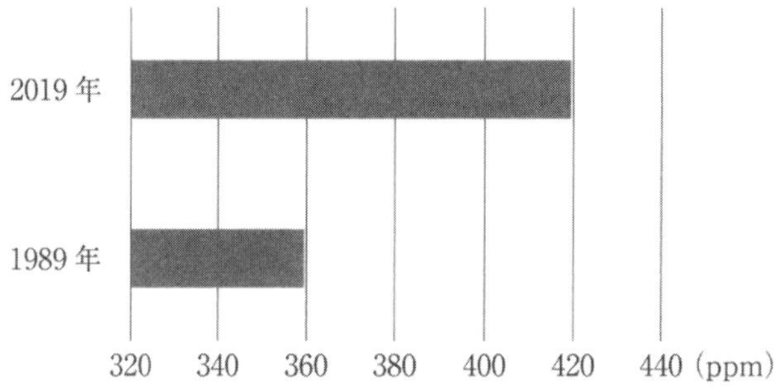

図 1

先　生：このデータはいろいろな見方ができますが，30 年間の変化，特に増加していく様子を分かりやすく表現するためには，グラフを書き直した方がいいですね。
ミライ：どんなふうに書き直したらいいのかな。
アユム：4 つの改善ポイントを考えてみたよ。

a　もっと多くの年のデータを使う。
b　横軸を年にして，縦軸を二酸化炭素濃度にする。
c　棒グラフではなくて，折れ線グラフにする。
d　1989 年～2004 年までは 3 月のデータを使い，2009 年～2019 年までは 9 月のデータを使う。

先　生：この中には適切でないものが一つありますね。どれが適切でないか，また，それをどのように修正すればよいか分かりますか。

ミライ：適切でないのは［ キ ］とよいと思います。

先　生：素晴らしいですね。では実際にグラフを書いてみましょう。

～数分後～

ミライ：グラフを書き直してみました(**図 2**)。

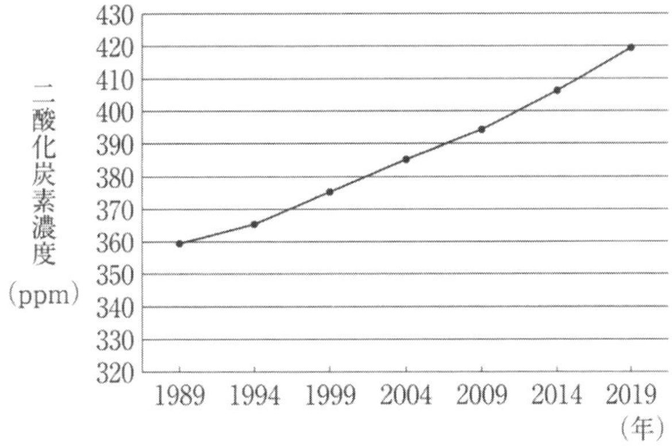

図 2

先　生：今度のグラフは，増加していく様子が分かりやすくなりましたね。

① aで，特定の年のデータのみを使う

② bで，横軸を二酸化炭素濃度にして，縦軸を年にする

③ cで，帯グラフにする

④ dで，各年の同じ月(3月)のデータを使う

令和５年度　第１回

解答・解説

【重要度の表記】

Ａ：重要度が高く確実に正答したい設問。しっかり復習する必要のある問題です。

Ｂ：重要度はＡレベルよりすこし下で、やや難易度が高い設問または内容を読み取る設問。高得点を狙う人は復習しましょう！

Ｃ：重要度が低い、または難解な設問。軽く復習する程度でよいでしょう！

令和５年度 第１回 高卒認定試験

【解 答】

1	解答番号	正答	配点	2	解答番号	正答	配点	3	解答番号	正答	配点	4	解答番号	正答	配点	5	解答番号	正答	配点
問１	1	④	5	問１	5	①	5	問１	9	⑤	5	問１	14	①	5	問１	18	⑥	5
問２	2	⑤	5	問２	6	⑥	5	問２	10	⑥	5	問２	15	③	5	問２	19	①	5
問３	3	②	5	問３	7	①	5	問３	11	②	5	問３	16	③	5	問３	20	④	5
問４	4	③	5	問４	8	④	5	問４	12	③	5	問４	17	②	5	-	-		
-	-			-	-			問５	13	②	5	-	-			-	-		

【解 説】

1

問１　生物の共通性についての問題です。生物の共通性は、次のようなものが挙げられます。①細胞膜によって外界と自分自身を隔てる構造をもつ細胞からできている。②生物の形質をきめる遺伝情報（DNA）をもつ。③自分と同じ構造を持つ個体をつくる遺伝のしくみをもつ。④外界の変化に関わらず、体内の環境を一定にたもつ。⑤エネルギーを得るために体内で物質の合成・分解を行う。問題文は、①と②についての内容です。したがって、正解は④です。

解答番号【１】：④　　⇒ **重要度Ａ**

問２　a：動物細胞や植物細胞は核をもつ真核細胞です。原核細胞は核を持ちません。誤りです。b：真核細胞は、原核細胞に比べて大きく、原核細胞は肉眼では見えません。ネンジュモ（シアノバクテリアの仲間）は原核細胞です。よって、誤りです。ネンジュモの中には、多数集まった塊でイシクラゲとよばれる陸生藻類として存在しているものもいます。ｃ：真核細胞をもつ植物や動物の細胞内には、細胞小器官とよばれる核やミトコンドリアが見られます。正しい内容です。ｄ：大腸菌や乳酸菌などの原核細胞は、核がなく、DNA が細胞質基質内に存在します。正しい内容です。したがって、正解は⑤です。

解答番号【２】：⑤　　⇒ **重要度Ａ**

問３　生物の細胞内では、化学反応により物質の合成・分解を行うことで生命活動に必要なエネルギーを取り出しています。ATP（アデノシン三リン酸）は、塩基・糖・リン酸の結合からなる化合物です。ATP の塩基はアデニンであることから、塩基と糖の部分を合わせてアデノシンと呼びます。アデノシンに３つのリン酸がついたものが ATP です。リン酸とリン酸の結合部にエネルギーが蓄えられていて、リン酸が切り離されるときに、大量のエネルギーを放出します。ウの選択肢にあるクロロフィルは、細胞内の葉緑体の中に存在する光を吸収する色素のことです。したがって、正解は②です。

解答番号【3】：②　　⇒**重要度A**

問4　細胞内共生説とは、原核細胞に、それとは異なる原核細胞が入って共生関係をもつことで真核生物が誕生したという考え方です。動物細胞と植物細胞には共通してミトコンドリアが存在します。このミトコンドリアは、呼吸を行う原核細胞が起源であり、宿主の細胞に共生したものだといわれています。これは、核内のDNAとは異なる独自のDNAがミトコンドリア内に存在していて、ミトコンドリアの細胞小器官が2枚の生体膜で包まれているという根拠に基づいています。Bの図は、光合成をおこなうシアノバクテリアの仲間が、祖先にあたる生物の細胞に共生していることが分かります。その後、呼吸を行う原核生物が共生して進化したものが植物細胞となっています。その結果、動物細胞には、光合成を行う葉緑体が存在し、呼吸をおこなうミトコンドリアが存在しないことになるので誤りです。Aは、祖先にあたる生物の細胞に、呼吸をおこなう原核生物が共生しています。これにより、動物細胞・植物細胞両方にミトコンドリアが存在しています。また、光合成をおこなうシアノバクテリアの仲間が共生した方が植物細胞となっています。よって正解です。最近になり、ミトコンドリアや葉緑体のゲノム解析が行われ、細胞内共生説を支持する結果が得られています。したがって、正解は③です。

解答番号【4】：③　　⇒**重要度B**

2

問1　形質とは、親の形や性質などの特徴のことです。よって、「果実の色が赤く、皮が薄い」というのは形質です。遺伝子とは、親から子へ伝わる遺伝情報を担うものです、クイーンルージュの形質に元の種類と共通の特徴がみられるのは、遺伝子を受け継いでいるからです。

解答番号【5】：①　　⇒**重要度A**

問2　DNAは、塩基・糖・リン酸からなるヌクレオチドと呼ばれる構造をしています。この中で、糖とリン酸は全長にわたって同じ物質でできています。塩基の部分のみが各DNAで異なっています。DNAの塩基には、アデニン（A)、チミン（T)、グアニン（G)、シトシン（C）の4種類あります。縦方向に隣接するDNAは、リン酸（A）と糖（B）でつながっています。縦方向のつながりにおいて塩基同士はつながっていません。したがって、正解は⑥です。

解答番号【6】：⑥　　⇒**重要度A**

問3　明暗周期を与えるとは、光を照らす・照らさないという環境変化を一定間隔で行うことです。図2より、明期には、細胞数に変化がみられないことが分かります。暗期になると、細胞数に変化が見られます。明期に光合成を行い、暗期に細胞分裂をおこなう生物がいます。本問は、そのような生物に対して、明暗周期を与えた時の細胞数の変化を表していることが読み取れます。経過時間0時間の細胞数は約1.0と読み取れ、20時間後に細胞数が約1.5と読み取れます。つまり、20時間後には細胞数が0時間に比べて1.5倍に増加し、暗期には分裂期の細胞が見られることが分かります。したがって、正解は①です。

解答番号【7】：①　　⇒**重要度B**

問４　DNAより写し取られたRNAの塩基配列は、特定のアミノ酸を指定します。そして、指定されたアミノ酸が次々に結合して、遺伝子ごとに決まったアミノ酸配列をもったタンパク質が合成されます。このRNAからタンパク質が合成される過程を翻訳といいます。DNA→RNA→タンパク質という遺伝情報の流れをセントラルドグマといいます。したがって、正解は④です。

解答番号【8】：④　　⇒**重要度A**

3

問１　体液には、血管を流れる血液、リンパ管を流れるリンパ液、細胞の隙間を流れる組織液があります。細胞の正常な活動を維持するうえで最も適した状態になるように、体温やこれら体液の濃度を一定の範囲に調節しています。したがって、正解は⑤です。

解答番号【9】：⑤　　⇒**重要度A**

問２　肝臓でつくられ脂肪の消化を助ける働きをするのは胆汁です。古くなった赤血球が脾臓で破壊され、ヘモグロビンからビリルビンという物質ができます。ビリルビンは肝臓に運ばれ胆汁となります。しかし、ビリルビンが多すぎると血液中に放出され、眼球の水晶体の白い部分等で、黄色みがかった色として見えるようになります。肝臓では、アルブミンや血液凝固に関わるフィブリノーゲンなど血しょう中のタンパク質の合成もおこなっています。したがって、正解は⑥です。

解答番号【10】：⑥　　⇒**重要度A**

問３　交感神経は、緊張する時や活発に活動するときにはたらき、副交感神経は休息時にはたらきます。問題文中にある、ピアノの発表会の前「朝から心臓がどきどきしてた」は、心臓の拍動が促進されている状態です。そして、「緊張で何も食べられなかった」は、胃腸の運動が抑制されている状態です。交感神経が優位にはたらいているためにこのような現象が起こります。発表会の後、「急にお腹が空いた」「急に眠くなって」等の状態は、副交感神経が優位に働いているため、胃腸の運動が促進される等のリラックスした状態になるためです。したがって、正解は②です。

解答番号【11】：②　　⇒**重要度B**

問４　ヒトは体温が低下したとき、間脳の視床下部で寒冷刺激を受け取り、交感神経より副腎髄質にはたらきかけアドレナリンを分泌させます。このアドレナリンは肝臓や褐色脂肪組織等で代謝を促進（グリコーゲンをグルコースに分解）します。この時に生じる熱により体温を上昇させます。また、体温を上昇させるために、骨格筋が、収縮と弛緩を繰り返して発熱量を増加させます。また、皮膚の毛細血管を収縮させて血液の流れを抑えて放熱を抑制し、体温の低下を抑制します。バソプレシンは、腎臓の集合管で水分の再吸収を促進し、体液の量や濃度を調節するはたらきをするホルモンであり、体温調節には関与していません。したがって、正解は③です。

解答番号【12】：③　　⇒**重要度A**

問５　ヒト免疫不全ウイルス（HIV）は、感染後10年間の潜伏期間にヘルパーT細胞の内部で増殖し、ヘルパーT細胞を破壊し減少させます。ヘルパーT細胞は、適応免疫において重要な役割をしています。ヘルパーT細胞が減少すると、細胞性免疫と体液性免疫の両方のはたらきが機能しなくなり、後天性免疫不全症候群（AIDS：エイズ）を引き起こします。そのため、免疫機能が低下してしまい、通常では問題とならない弱い病原体に感染するだけで重症化し致命症となってしまいます。したがって、正解は②です。

解答番号【13】：②　　⇒**重要度B**

4

問１　火山の噴火により形成された溶岩台地や、がけ崩れの跡地や土砂の堆積地、海底火山よりできた島など、植物が生息しておらず土壌も形成されていない場所から始まる遷移を一次遷移といいます。それに対して、山火事や森林の伐採跡地など既に土壌が形成されていて土壌中に種子などが残っている場所から始まる遷移を二次遷移といいます。本問では、火山や山崩れなどによってできたこのような裸地から始まる遷移と言っていることから一次遷移だと分かります。先駆種（パイオニア植物）とは、遷移の初期に現れる植物種のことをいいます。先駆種は土壌が育ってない保水力が乏しく栄養分が少ない場所でも生育できる植物です。大涌谷は、活火山である箱根山の噴煙地です。火山活動により遷移の進行が妨げられています。したがって、正解は①です。

解答番号【14】：①　　⇒**重要度A**

問２　図３は、光合成曲線と呼ばれるグラフです。横軸が光の強さ、縦軸が二酸化炭素の吸収速度を表しています。植物は光合成と呼吸の両方を同時に行い、光合成で作った養分をもとに呼吸を行い生育のためのエネルギーを得ています。そのため、光合成の量＞呼吸の量の関係を保たないと、生存・生育に使う養分を得ることができません。グラフの縦軸である二酸化炭素吸収速度が（吸収）の側では、二酸化炭素を吸収（光合成＞呼吸）しているので、植物は生存・生育できる領域です。二酸化炭素吸収速度が（放出）の側は二酸化炭素を放出（光合成＜呼吸）しているので、植物は生存できない領域です。光の強さが0の地点（曲線と縦軸が交差する点）では、光合成はまったく行われず呼吸のみ行われている点です。二酸化炭素の吸収速度0では、二酸化炭素の放出（呼吸）と吸収（光合成）が釣り合っている状態でギリギリ生存している状態です。Aの曲線は、光が弱いとき（C）、光合成よりも呼吸の活動が上回っています。つまり弱い光では生育するのに十分な養分を作り出すことができません。しかし、光を強くしていくと光合成量がぐんと増えていくことが分かります。これは陽生植物の特徴であることが分かります。それに対して、Bの曲線は、光が弱い状態（C）から光合成をおこない、養分を作り出すことができます。しかし、光を強くしていっても光合成の量は増えていかないことが分かります。これは陰生植物の特徴です。照葉樹林では、常緑広葉樹の植生が見られます。気温が下がっても葉が落ちない樹林のため常に林床の照度は低くなり、曲線Bのように弱い光の強さでも生育できる植生でなければ、幼木や背丈の低い草本類は成長することができません。つまりBは照葉樹林の曲線といえます。夏緑樹林は、落葉広葉樹の植生です。気温が下がると落葉するため、林床にも光が届きやすくなり、強い光の下でよく生育する植生が育ちやすい環境です。つまりAが夏緑樹林の曲線といえます。照葉樹林の林床の光の強さがCの時、曲線

Ａで生育できる植物（夏緑樹林で生育する植物＝ニリンソウ）は、光合成＜呼吸となり、成長に必要な栄養分を十分に作り出すことができず生育することが難しいです。したがって、正解は③です。

解答番号【15】：③　⇒ **重要度Ｂ**

問３　図４は、折れ線グラフ２つと棒グラフの混ざったグラフです。このようなグラフを複合グラフといいます。折れ線グラフの縦軸は左側、棒グラフの縦軸は右側になります。折れ線グラフは地表の光の強さ（相対量値）と土壌中の有機物の量（％）を表し、棒グラフは土壌の厚さを表しています。相対量値とは、何かを基準にしたときの値です。本問は、複合グラフを読み取る事が難しいと思いますが、遷移の過程を理解していればグラフを読み取れなくとも解答することができる問題です。遷移は荒原→低木林→混交林→陰樹林と進みます。選択肢ａは、遷移の後期の土壌が初期よりも厚いという部分は、棒グラフより読み取れます。その後の、「後期になると植物の地下部分が減り～」という部分は誤りです。後期になると高木林が増えるので地下部分（根）が増えていきます。選択肢ｂは、遷移の初期の地表の光が強いという部分は、折れ線グラフより読み取れます。後半の「樹高が高い植物が優占種として～」は誤りです。遷移の初期段階では、土壌が未発達なため草本類や低木林など背丈の低い植生が優占しています。選択肢ｃ「土壌中の有機物の量が遷移の初期よりも遷移の後期で増加する」は、折れ線グラフより読み取れます。これは、遷移がすすむにつれて樹木が増えて落葉・落枝の量が多くなるためであるという選択肢ｃの後半部分と一致します。したがって、正解は③です。

解答番号【16】：③　⇒ **重要度Ｃ**

問４　沖縄から九州南端までのバイオームは亜熱帯多雨林です。つまり、屋久島の低地帯（海岸付近）のバイオームは亜熱帯多雨林です。標高が 100 m増すごとに気温が 0.5 ～ 0.6℃低下します。そのため、標高が上がると平均気温が下がるため、低地から高地にかけて水平分布と同様のバイオームの分布がみられます。屋久島において標高が少し上がった場所では、亜熱帯多雨林より北方向のバイオームになるので、九州から関東地方辺りのバイオームである照葉樹林となります。このように標高の違いによって生じるバイオームの分布を垂直分布といいます。したがって、正解は②です。

解答番号【17】：②　⇒ **重要度Ａ**

5

問１　一次消費者とは、生産者（植物）を摂食する生物の事です。二次消費者とは一次消費者を摂食する生物のことです。キツネは木の実を摂食するので、一次消費者です。しかし、時にはウサギやネズミも摂食するので二次消費者とも言えます。このように、生物はいろいろな植物や動物を捕食あるいは分解し、また被食されるというように食物連鎖は複雑に絡み合っています。このような生物同士のつながりを食物網とよびます。階層構造とは、森林における高木層、亜高木層、低木層、草本層、地表層の垂直的な構造のことをいいます。消費者の糞などの有機物は分解者である菌類・細菌類により無機物に分解されます。したがって、正解は⑥です。

解答番号【18】：⑥　⇒ **重要度Ａ**

問２　ヒトは食物を通してタンパク質を体内に取り込み、排泄物により不要なタンパク質を体外へ排出します。このタンパク質は土壌中の細菌によりアンモニウムイオンに分解され、さらに硝化細菌（硝化菌）により硝酸イオンに分解され、植物の根から吸収されます。また、マメ科の植物の根に共生している窒素固定細菌である根粒菌により、大気中の窒素は固定され窒素化合物として土壌中に取り込まれています。脱窒素細菌とは、土壌中の硝酸イオンを窒素ガスにかえ大気中に放出するはたらきをする菌のことです。したがって、正解は①です。

解答番号【19】：①　　　⇒ **重要度Ｂ**

問３　グラフの理解に関する問題です。本問は、大気中の二酸化炭素濃度に関する問題ですが、文章とグラフを読み取ることができれば解答できる問題です。アユムさんの発言にある４つの改善ポイントにおいて、「a：もっと多くの年のデータを使う」は適切です。データ量を多くすれば、より正確な傾向を読み取ることができます。「b：横軸を年にして、縦軸を二酸化炭素濃度にする」は適切です。一般的にグラフは、横軸に年や月といった時間をとり、縦軸にデータ量をとると分かりやすいグラフとなります。「c：棒グラフではなく折れ線グラフにする」は、適切です。折れ線グラフは変化が分かりやすく、棒グラフは大小比較がしやすいという特徴を持っています。本問では、二酸化炭素濃度の変化について知りたいので、折れ線グラフが適しています。「d：1989 年～ 2004 年までは３月のデータを使い、2009 年～ 2019 年までは９月のデータを使う」は不適切です。各都市との同じ月のデータを使い比較をする方が、季節による影響を考慮せず、二酸化炭素濃度の変化を表すことができます。植物が光合成を盛んに行う夏のほうが二酸化炭素濃度が減少します。したがって、正解は④です。

解答番号【20】：④　　　⇒ **重要度Ｃ**

令和４年度 第２回
高卒認定試験

生物基礎

解答時間　50 分

注　意　事　項（抜粋）

＊　試験開始の合図前に，監督者の指示に従って，解答用紙の該当欄に以下の内容をそれぞれ正しく記入し，マークすること。

①**氏名欄**

氏名を記入すること。

②**受験番号**，③**生年月日**，④**受験地欄**

受験番号，生年月日を記入し，さらにマーク欄に**受験番号**（数字），**生年月日**（年号・数字），**受験地をマーク**すること。

＊　**受験番号，生年月日，受験地が正しくマークされていない場合は，採点できないことがある。**

＊　解答は，解答用紙の解答欄にマークすること。例えば，10 と表示のある解答番号に対して②と解答する場合は，次の(例)のように**解答番号 10 の解答欄**の②に**マーク**すること。

（例）

解答番号	解　答　欄
10	① ● ③ ④ ⑤ ⑥ ⑦ ⑧ ⑨ ⓪

生物基礎

（解答番号 1 ～ 20 ）

1 生物の特徴について，問１～問４に答えよ。

問１ 生物には，いくつかの共通した特徴が見られる。これらの共通性から，全ての生物は，共通の祖先から進化したと考えられている。次のａ～ｅは生物の特徴について述べたものである。全ての生物が共通して持っている特徴として正しい組合せを，下の①～⑤のうちから一つ選べ。解答番号は 1 。

ａ 細胞膜を持つ。

ｂ 体内で代謝を行う。

ｃ 液胞を持つ。

ｄ 光合成を行う。

ｅ DNA を持つ。

① ａ，ｂ，ｃ

② ａ，ｂ，ｅ

③ ａ，ｃ，ｅ

④ ｂ，ｃ，ｄ

⑤ ｂ，ｄ，ｅ

問２ 表１は，細胞に存在する構造の有無をまとめたものである。存在する場合を○，存在しない場合を×で示した。表１中の細胞ア～ウを説明した正しい文章を，下の①～⑥のうちから一つ選べ。解答番号は [2] 。

表１

細胞	細胞の構造			
	細胞壁	核膜	ミトコンドリア	葉緑体
ア	○	×	×	×
イ	×	○	○	×
ウ	○	○	○	○

① 細胞アは動物細胞である。
② 細胞アは植物細胞である。
③ 細胞イは原核細胞である。
④ 細胞イは動物細胞である。
⑤ 細胞ウは原核細胞である。
⑥ 細胞ウは動物細胞である。

問 3 次の文章は，ATPの分解と合成について述べたものである。文章中の空欄 エ と オ に入る語句の正しい組合せを，下の①～⑥のうちから一つ選べ。
解答番号は 3 。

ATPには， エ が3つ結合した部分がある。ATPから末端の エ が切り離されると生物が活動するためのエネルギーが発生し，ADPが生じる(**図1**)。

ヒトの場合，体内に存在するATPの量は必要とされる量の約1000分の1と考えられている。それにもかかわらず，細胞内の生命活動が維持されるのは，ATPの オ ためである。

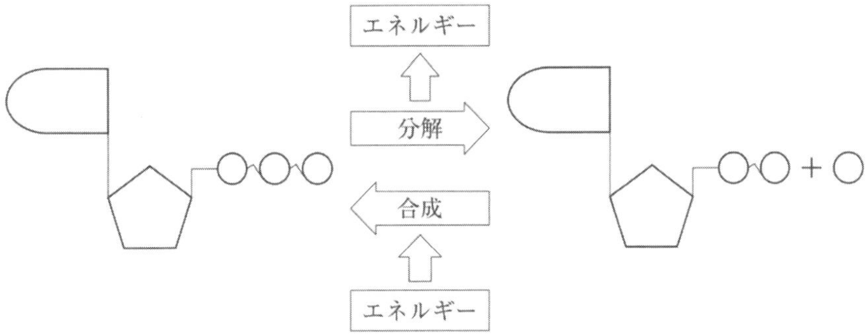

図1

	エ	オ
①	アデニン	分解と合成が繰り返される
②	アデニン	再利用がされず，使い捨てられる
③	リン酸	分解と合成が繰り返される
④	リン酸	再利用がされず，使い捨てられる
⑤	糖	分解と合成が繰り返される
⑥	糖	再利用がされず，使い捨てられる

問 4　次の文章は，酵素の実験についての太郎と花子と先生の会話である。文章中の空欄 カ ～ ク に入る語句の正しい組合せを，下の①～⑥のうちから一つ選べ。
解答番号は 4 。

先　生：液体の入った試験管に肝臓片を入れるよ(図2)。見ててごらん。
太　郎：すごい。肝臓片を入れただけなのに試験管内に沢山の泡が出てきた(図3)。試験管の中はどうなっているのかな。
先　生：試験管の中は，過酸化水素水と肝臓片だけが入っているのよ。
太　郎：それだけで，こんなに泡が出るのか。この泡って何なのかな。 カ じゃないかな。
花　子：それでは，この試験管に火のついた線香を入れてみよう。
太　郎：おおっ。線香の火が炎を出して燃えた。何で カ が発生したんだろう。肝臓ってことは酵素が関係しているのかな。
先　生：そうそう。肝臓の細胞に含まれるカタラーゼという酵素によって，過酸化水素が水と カ に分解されたからだよ。
太　郎：なるほど。でももう泡が出なくなってきたよ(図4)。
花　子：本当だ。何でだろう。
太　郎： キ が全て分解されたからかな。
花　子：きっとそうだね。
太　郎：そうするとこの反応しなくなった試験管に ク を加えた後，もう一度火のついた線香を入れたら，また火が炎を出して燃えるのかな。確かめたいな。
先　生：実際に実験をして確かめてみましょう。

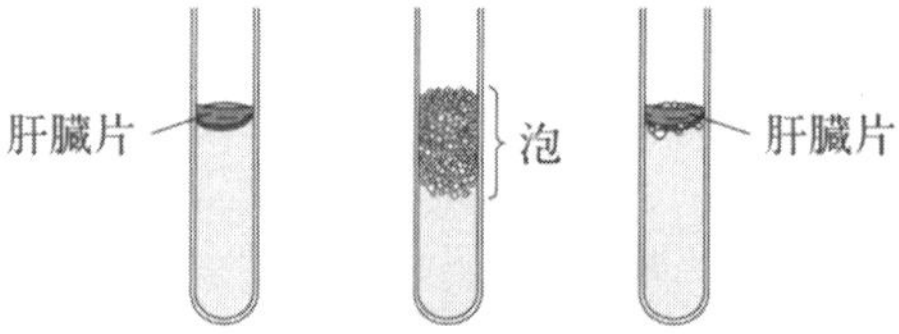

図2　　図3　　図4

	カ	キ	ク
①	酸　素	過酸化水素	肝臓片
②	酸　素	過酸化水素	過酸化水素水
③	酸　素	カタラーゼ	水
④	水　素	カタラーゼ	肝臓片
⑤	水　素	カタラーゼ	過酸化水素水
⑥	水　素	過酸化水素	水

2 遺伝子とその働きについて，**問1**～**問4**に答えよ。

問1 次の文章は，mRNAについての太郎と花子の会話である。文章中の空欄 ア と イ に入る語句の正しい組合せを，下の①～④のうちから一つ選べ。
解答番号は 5 。

太　郎：昨日のニュースで，新型コロナウイルスのmRNAワクチンについて特集をしていたけど，見たかい。
花　子：見たわよ。遺伝子について勉強した時，RNAの一種であるmRNAは ア の中に出てきたわよね。 ア は，DNA→RNA→タンパク質の順に遺伝情報が一方向に流れるという考え方だったよね。
太　郎：このDNAの塩基配列を基にRNAが合成されることを イ と言うんだったよね。
花　子：勉強したことが，ニュースを見た時の理解に役立っていると思うと嬉しいな。

	ア	イ
①	セントラルドグマ	転　写
②	セントラルドグマ	翻　訳
③	ゲノムプロジェクト	転　写
④	ゲノムプロジェクト	翻　訳

問 2　次の文章は，DNA の塩基組成について述べたものである。文章中の空欄 ウ と エ に入る語句の正しい組合せを，下の①～⑥のうちから一つ選べ。
解答番号は 6 。

表 1 は，生物の細胞に含まれる DNA を構成する塩基の割合(%)をまとめたものである。この**表 1** から， ウ の割合は生物によってほぼ等しいということが予想される。この規則性はシャルガフらが発見し，その後の エ の発見を導くきっかけとなった。

表 1

生　物	塩基の割合(%)			
	A	T	G	C
大腸菌	24.7	23.6	26.0	25.7
バッタ	29.3	29.3	20.5	20.7
ヒ　ト	30.9	29.4	19.9	19.8

	ウ	エ
①	A と T	DNA の二重らせん構造
②	A と T	メンデルの遺伝の法則
③	A と G	DNA の二重らせん構造
④	A と G	メンデルの遺伝の法則
⑤	A と C	DNA の二重らせん構造
⑥	A と C	メンデルの遺伝の法則

問 3　**図 1** は，体細胞分裂を繰り返している細胞群について，細胞当たりの DNA 量(相対値)と細胞数を調べた結果である。**図 1** 中の X ～ Z は，細胞当たりの DNA 量に対応する細胞群を示す。細胞周期の各時期について述べた文章 a ～ e の正しい組合せを，下の①～⑥のうちから一つ選べ。解答番号は［ 7 ］。

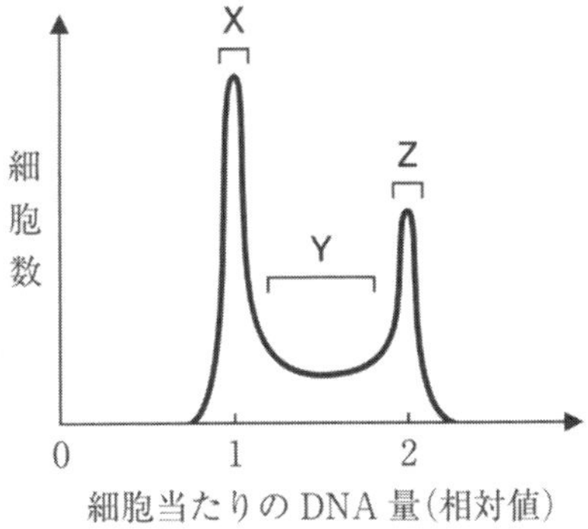

図 1

a　X は細胞数が一番多いので，S 期の細胞である。

b　X は細胞当たりの DNA 量が 1 の細胞が多いので，M 期(分裂期)の細胞である。

c　Y は細胞当たりの DNA 量が 1 から 2 の間の細胞が含まれるので，S 期の細胞である。

d　Y は細胞数が少ないので，G_1 期の細胞である。

e　Z は細胞当たりの DNA 量が 2 であるので，G_2 期と M 期(分裂期)の細胞の両方が含まれる。

① a，c
② a，d
③ b，c
④ b，d
⑤ b，e
⑥ c，e

問 4　次の文章は，ショウジョウバエの染色体について述べたものである。文章中の空欄 オ と カ に入る語句の正しい組合せを，下の①～⑥のうちから一つ選べ。
解答番号は 8 。

ショウジョウバエのメスの体細胞中には，**図 2** に示すような 8 本の染色体が存在する。このうち，同じ大きさで同じ形の染色体を オ と呼ぶ。**図 3** の A～C のうち，染色体に含まれる遺伝情報が 1 組のゲノムであるものは， カ である。

図 2

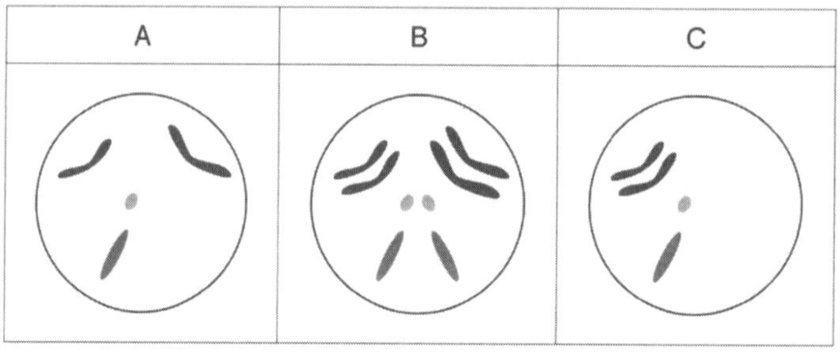

図 3

	オ	カ
①	相同染色体	A
②	相同染色体	B
③	相同染色体	C
④	唾腺染色体	A
⑤	唾腺染色体	B
⑥	唾腺染色体	C

3 生物の体内環境について，**問 1** ～**問 5** に答えよ。

問 1 次の文章は，血液凝固に関する太郎と花子の会話である。文章中の空欄 ア ～ ウ に入る語句の正しい組合せを，次のページの①～④のうちから一つ選べ。
解答番号は 9 。

太　郎：出血すると，血しょう中にフィブリンというタンパク質が形成され，傷口をふさいで止血すると学習したね。

花　子：フィブリンについて調べると，フィブリンの元となるタンパク質が酵素によって処理されると，繊維状になることが分かったよ(**図 1**)。

太　郎：**図 1** によると，血液凝固にはカルシウムイオンが必要だね。

花　子：本当かな。それなら「血液凝固にはカルシウムイオンが必要である。」という仮説を立てて，検証してみよう。

太　郎：血液にクエン酸ナトリウムを加えると，クエン酸ナトリウムがカルシウムイオンと結合して，カルシウムイオンを取り除けることが調べて分かったよ。

花　子：ブタの血液にクエン酸ナトリウムを加えて，血液が凝固するかしないかを確かめる検証実験を計画したよ(**図 2**)。検証実験の結果，血液が凝固 ア ならば，仮説が証明されたことになるね。血液が凝固 イ ならば，仮説は否定されるね。

太　郎：その時には，比較対象として「クエン酸ナトリウムを加えない場合，血液が凝固 ウ 。」ということも確認しなくてはいけないね。

花　子：先生に相談して材料と試薬を用意して，実験してみよう。

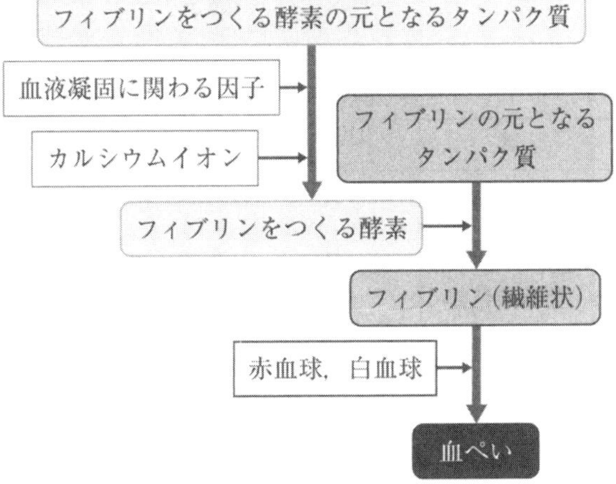

図 1

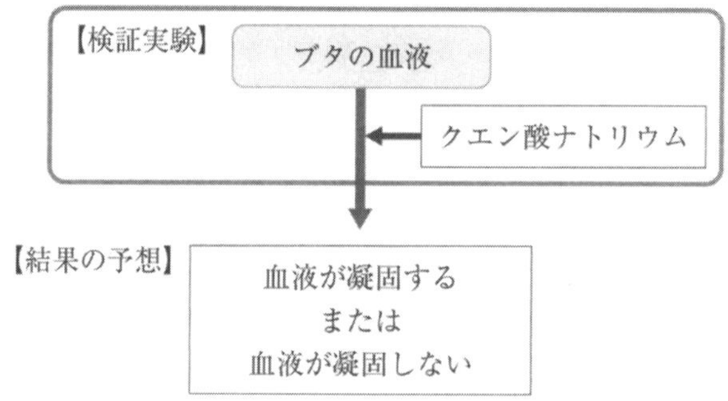

図2

	ア	イ	ウ
①	する	しない	する
②	する	しない	しない
③	しない	する	する
④	しない	する	しない

問 2 次の文章は，肝臓の働きについて述べたものである。文章中の空欄 エ ～ カ に入る語句の正しい組合せを，下の①～⑥のうちから一つ選べ。解答番号は 10 。

肝臓は，体液の成分の調節や老廃物の排出のため，様々な物質の合成や分解を行っている。胆汁は エ でつくられた後， オ で一次的に貯蔵される。貯蔵された胆汁は，食事が刺激となって カ に排出される。そして，脂肪を乳化して，消化を助ける。

	エ	オ	カ
①	胆のう	肝　臓	胃
②	胆のう	肝　臓	大　腸
③	胆のう	肝　臓	十二指腸
④	肝　臓	胆のう	胃
⑤	肝　臓	胆のう	大　腸
⑥	肝　臓	胆のう	十二指腸

問 3　次の文章は，心臓の拍動についての太郎と花子の会話である。文章中の空欄 キ ～ ケ に入る語句の正しい組合せを，下の①～⑥のうちから一つ選べ。
解答番号は 11 。

太　郎：先発メンバーに初めて選ばれたから，緊張して心臓がドキドキしてきたよ。
花　子：心臓がドキドキするのは，無意識に キ 神経が働いているからだよ。心臓の拍動が ク されて，心臓から全身に大量の血液が送り出されるよ。
太　郎：心臓がドキドキするのは，無意識に起こることなんだね。
花　子： キ 神経が働くと，気管支は ケ されて，肺に空気が多く取り込まれるよ。心臓の拍動が ク されることと併せて，全身の細胞に多くの酸素が届けられるよ。
太　郎：心臓がドキドキするのは，そんな理由があるんだね。

	キ	ク	ケ
①	交　感	抑　制	拡　張
②	交　感	促　進	収　縮
③	交　感	促　進	拡　張
④	副交感	抑　制	拡　張
⑤	副交感	抑　制	収　縮
⑥	副交感	促　進	収　縮

問 4　**図3**は，食事前後の血糖濃度，グルカゴンの濃度及びインスリンの濃度のいずれかを示しているグラフである。**図3のX，Yのうちグルカゴンのグラフと，インスリンを分泌する細胞**の正しい組合せを，下の①～④のうちから一つ選べ。解答番号は［12］。

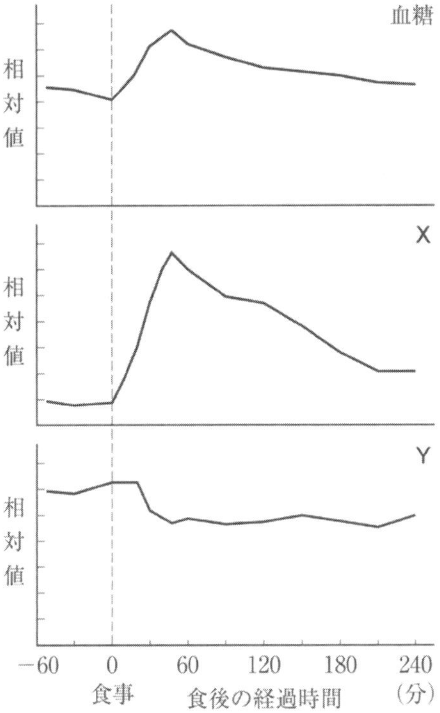

図3

	グルカゴンのグラフ	インスリンを分泌する細胞
①	X	ランゲルハンス島の A 細胞
②	X	ランゲルハンス島の B 細胞
③	Y	ランゲルハンス島の A 細胞
④	Y	ランゲルハンス島の B 細胞

問 5　二次応答について述べた文章の正しい組合せを，下の①～⑤のうちから一つ選べ。

解答番号は [13] 。

a　毒ヘビにかまれた人に，そのヘビ毒のワクチンをウマに注射してあらかじめつくっておいた血清を注射すると，症状が軽減した。

b　一度スズメバチに刺された経験のある人が，二度目に刺された時にアナフィラキシーショックを引き起こした。

c　あるマウスに別の個体の皮膚を移植すると，定着しないで数週間後に脱落した。

d　インフルエンザの予防接種を受けていた人が，インフルエンザウイルスに感染した時に症状が重くならずに済んだ。

①　a，b　　②　a，c　　③　a，d　　④　b，c　　⑤　b，d

4 植生の多様性と分布について，問1～問4に答えよ。

問1　図1は，関東地方のある場所の遷移途中である森林の植生の様子を模式的に表したものである。図1の植物について，正しい文章を，下の①～④のうちから一つ選べ。
解答番号は 14 。

図1

① 日当たりの良いところで生育する草本の陰生植物はベニシダである。

② 日当たりの良いところで生育する草本の陽生植物はススキである。

③ 日当たりの悪いところでも生育できる木本の陰生植物はコナラである。

④ 日当たりの悪いところでも生育できる木本の陽生植物はアオキである。

III

問 2　表 1 は，太郎が教科書に出てきた植物の特徴などについて調べて，まとめたものである。表 1 を見て太郎が導き出した推論のうち，正しい文章を，下の①～④のうちから一つ選べ。解答番号は 15 。

表 1

植物名（植物の特徴）	種子の主な散布の仕方（果実や種子の特徴）	遷移の過程で出現する段階
ミズナラ（落葉広葉樹）	落下して転がる（どんぐり） 	極　相
エゾマツ（常緑針葉樹）	風によって運ばれる（翼がある） 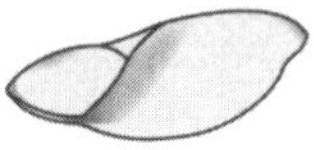	極　相
オオバヤシャブシ（落葉広葉樹）	風によって運ばれる（翼がある） 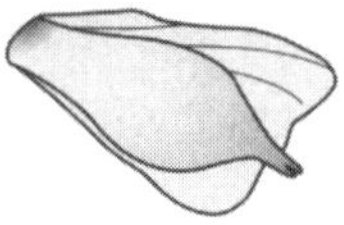	初　期
イタドリ（落葉性多年生草本）	風によって運ばれる（翼がある） 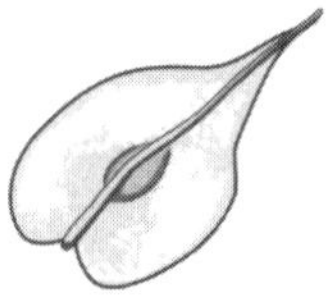	初　期
ガマ（落葉性多年生草本）	風によって運ばれる（綿毛がある） 	初　期

① 極相林は，常緑性の植物により構成されている。

② 風によって種子を散布する植物は，遷移の初期にのみ出現する。

③ どんぐりは，リスなどによって遠くまで運ばれることもあるので，遷移の初期に出現する植物に多い種子の形である。

④ 遷移の初期に出現する植物は，風によって種子を遠くに散布する種が多い。

問 3　図2は，世界のバイオームと気候の関係を表したものである。バイオームと気候について，**誤っている文章を**，下の①～④のうちから一つ選べ。解答番号は 16 。

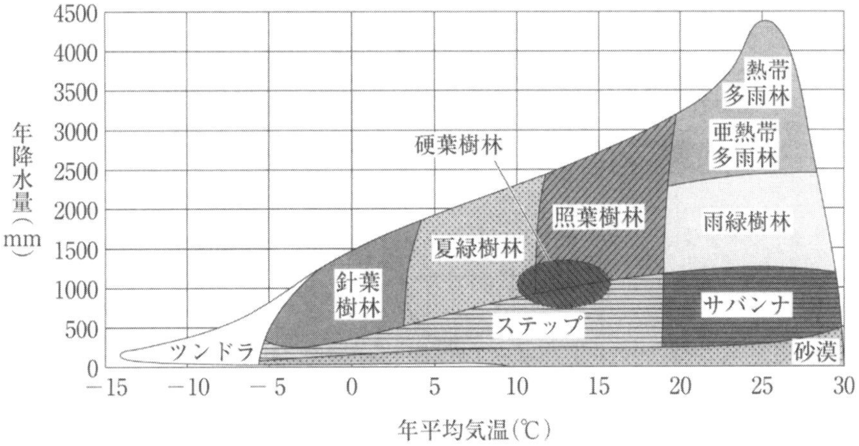

図2

① 年平均気温が −10 ℃ では荒原となる。

② 年平均気温が 25 ℃ では常緑の植物が優占種となる。

③ 年降水量が 0 mm では砂漠となる。

④ 年降水量が 2000 mm では森林となる。

問 4　次の文章は，日本のバイオームに関する花子と太郎の会話である。文章中の空欄 ア ～ ウ に入る語句の正しい組合せを，下の①～⑥のうちから一つ選べ。
解答番号は 17 。

花　子：尾瀬国立公園にある至仏山（しぶつさん）に登ったよ。麓（ふもと）の尾瀬ヶ原の宿に泊まったんだけど，夜はたくさんのホタルを，朝は霧がかかった幻想的な景色を見られて，とても気持ち良かった。

太　郎：至仏山の標高は2228 m だから「フーフーフー，やっと登った至仏山」って覚えるんだよね。ところで標高の違いによって複数のバイオームが存在するって習ったけど，本当にそうなっていたの。

花　子：なっていたよ。 ア と言うんだったね。写真を撮ったよ（図 3 ）。

図 3

一番びっくりしたのがこの場所なんだけど，登っていたら写真のこの辺り（図 3 の矢印）で突然林が低くなって，その先にはお花畑があったんだ。

太　郎：なるほど。と言うことは矢印の辺りが イ で，お花畑は ウ 帯に当たるね。

花　子：日本には他にも高い山にお花畑があるって聞いたから，今度は東北の鳥海山（ちょうかいさん）に登ることにしようっと。

	ア	イ	ウ
①	垂直分布	森林限界	高　山
②	垂直分布	森林限界	亜高山
③	垂直分布	山地帯	高　山
④	水平分布	森林限界	亜高山
⑤	水平分布	山地帯	高　山
⑥	水平分布	山地帯	亜高山

5 生態系とその保全について，**問1～問3**に答えよ。

問1 生態系における物質とエネルギーについて，**誤っている文章**を，次の①～④のうちから一つ選べ。解答番号は 18 。

① 生産者は，光合成などにより，無機物を材料にして自ら有機物を生産し，エネルギーを蓄え，それを利用して生活している。

② 消費者は，生産者が生産した有機物を利用して生活している。生産者が生産した有機物は最終的には無機物に分解され，この過程に関わる生物は特に分解者と呼ばれる。

③ 分解されてできた無機物は非生物的環境に戻り，再び生産者に利用される。

④ 生態系内を物質及びエネルギーが循環することで，生物の生活が保たれている。

問 2　次の文章は，夏休み中にブナ林で自然観察したときの太郎と花子の会話である。文章中の空欄 ア ～ ウ に入る語句の正しい組合せを，下の①～⑤のうちから一つ選べ。解答番号は 19 。

太　郎：あれ。見たことがない黒い虫が，地面に何匹もいるよ。
花　子：甲虫のようだね。注意深く観察しようよ。
太　郎：図鑑で調べてみたら，この甲虫はクロカタビロオサムシに似ているよ。
花　子：本当だ。これに違いないね。あれ。上から何か小さなものが，パラパラとたくさん落ちてきているよ。
太　郎：あっ。このブナの木，葉がないね(図 1)。
花　子：それにこの木の幹や根元に青虫がたくさんいるよ。落ちてきたのはこの青虫のフンかもしれないね。
太　郎：この青虫は，ブナアオシャチホコというガの幼虫だね。
花　子：見て，ベンチの上に，青虫を食べているさっきの甲虫がいるよ(図 2)。
太　郎：そうなると，食う食われるの関係で並べてみると， ア だね。
花　子：この関係を イ と言うんだよ。
太　郎：カラスが何羽もいたけど，カラスは， ア の後に来るのかな。
花　子：そうかもしれないし， ア の後はネズミのような小動物が食べるかもしれないよ。ネズミやカラスはいろいろなものを食べるから，食う食われるの関係はもっと複雑になるよ。それを ウ と言うんだよ。
太　郎：もっと観察しないと ウ は分からないんだね。

図 1

図 2

	ア	イ	ウ
①	ブナの実 → 甲虫 → 青虫	食物連鎖	食物網
②	ブナの実 → 青虫 → 甲虫	食物網	食物連鎖
③	ブナの葉 → 甲虫 → 青虫	食物連鎖	食物網
④	ブナの葉 → 青虫 → 甲虫	食物網	食物連鎖
⑤	ブナの葉 → 青虫 → 甲虫	食物連鎖	食物網

問 3 次の文章は，里山の保全について述べたものである。文章中の空欄 エ ～ カ に入る語句の正しい組合せを，下の①～④のうちから一つ選べ。解答番号は 20 。

> 人里とその周辺にある農地や草地，ため池，雑木林などがまとまった一帯を里山という。かつては，里山の雑木林では， エ ことで，多様な生物が生息できる里山特有の環境が維持されてきた。近年，農村の人口の減少などにより雑木林は， オ ようになった。これにより遷移が進んで樹木が密生して林内が暗くなり， カ 植物が生育できなくなった。このようにして，生物の多様性が失われていく。

	エ	オ	カ
①	放置される	適度に人の手が加わる	陽　生
②	放置される	適度に人の手が加わる	陰　生
③	適度に人の手が加わる	放置される	陽　生
④	適度に人の手が加わる	放置される	陰　生

令和４年度　第２回

解答・解説

【重要度の表記】

Ａ：重要度が高く確実に正答したい設問。しっかり復習する必要のある問題です。

Ｂ：重要度はＡレベルよりすこし下で、やや難易度が高い設問または内容を読み取る設問。高得点を狙う人は復習しましょう！

Ｃ：重要度が低い、または難解な設問。軽く復習する程度でよいでしょう！

令和４年度 第２回 高卒認定試験

【解 答】

1	解答番号	正答	配点	2	解答番号	正答	配点	3	解答番号	正答	配点	4	解答番号	正答	配点	5	解答番号	正答	配点
問１	1	②	5	問１	5	①	5	問１	9	③	5	問１	14	②	5	問１	18	④	5
問２	2	④	5	問２	6	①	5	問２	10	⑥	5	問２	15	④	5	問２	19	⑤	5
問３	3	③	5	問３	7	⑥	5	問３	11	③	5	問３	16	②	5	問３	20	③	5
問４	4	②	5	問４	8	①	5	問４	12	④	5	問４	17	①	5	-	-		
-	-			-	-			問５	13	⑤	5	-	-			-	-		

【解 説】

1

問１　すべての生物に共通する特徴は次の５つです。１.〔細胞からできている〕：細胞とは、外界と細胞膜によって隔てている構造体をいいます。よって、ａは正しいです。２.〔体内で代謝を行う〕：生物はエネルギーを利用して生命活動を行います。植物なら光エネルギーから、動物なら摂食した有機物から物質の合成・分解を行うことにより、エネルギーを得ています。そして、得られたエネルギーを利用してさまざまな物質の合成を行っています。このような生体内で起こる化学反応を代謝といいます。よって、ｂは正しいです。３.〔DNAをもっている〕：生物の形・色・行動などの性質の特徴は、遺伝情報（DNA）をもとにつくられるタンパク質によって決まります。よって、ｅは正しいです。残り２つの特徴は、４.〔遺伝によって形質を子や孫に伝える〕、５.〔体外の環境変化にかかわらず、体内の状態を一定に保つ〕です。したがって、正解は②となります。なお、ｃの液胞は真核生物のみがもつ特徴で、ｄの光合成は植物のみがもつ特徴です。

解答番号【1】：②　　⇒ **重要度Ａ**

問２　細胞壁とは、細胞膜の外側を取り囲んでいるセルロースなどの繊維状の物質でできた膜で、細胞の形の維持や細胞を保護するはたらきがあります。細胞壁があるのは原核細胞と植物細胞です。よって、表１の細胞「イ」は細胞壁がない動物細胞だとわかります。核膜とは、核の最外層にある膜でDNA（染色体）を取り囲んでいるものです。これは真核細胞にのみ存在します。よって、表１の細胞「ア」は、核膜がない原核細胞だとわかります。ミトコンドリアは呼吸を行う場です。酸素を消費して有機物を分解し、ATPの形でエネルギーを取り出します。これは真核細胞にのみ存在します。また、葉緑体は光合成を行う場です。植物細胞にのみ見られます。よって、細胞「ウ」は植物細胞だとわかります。したがって、正解は④となります。

解答番号【2】：④　　⇒ **重要度Ａ**

問３　生物は、呼吸など有機物の分解により取り出したエネルギーを、いったんATP（アデノシン三リン酸）を合成することによって蓄えることができます。ATPはリン酸が３つ結合しています。末端のリン酸を切り離すと多量のエネルギーが放出されます。ヒトの体内には数百グラムのATPが存在しています。一日に数百回分解と合成を繰り返して、50～100キロのATPが体内でつくられています。つまり、体内に存在するATPのおよそ1000倍のATPを一日に生産していることになります。したがって、正解は③となります。

解答番号【3】：③　⇒**重要度A**

問４　過酸化水素水に肝臓片を入れると酸素が発生します。化学式で表すと、$2H_2O_2$（過酸化水素）→ $2H_2O$（水）＋ O_2（酸素）となります。会話文の８行目にある太郎さんの「線香の火が炎を出して燃えた」ということばからも、発生した気体が酸素だということがわかります。もし発生した気体が水素であれば、火を近づけると爆発します。また、会話文の12行目の「もう泡が出なくなってきた」というのは、酸素が発生しなくなったということであり、これは過酸化水素が水と酸素に完全に分解されたことを意味します。反応しなくなった試験管に過酸化水素を加えると、また分解が始まり気泡が発生します。酵素を含む肝臓片は化学反応を促進する物質です。反応の前後で量や状態は変化しません。そのため、さらに肝臓片を追加しても反応を再開させることはできません。したがって、正解は②となります。

解答番号【4】：②　⇒**重要度A**

2

問１　セントラルドグマとは、DNA→RNA→タンパク質の順に遺伝情報が流れることをいいます。ゲノムプロジェクトとは、一つの生物種のゲノムを解読する研究のことです。また、転写とは、DNAの塩基配列がmRNAに写し取られる過程を指します。翻訳とは、このmRNAの３つの塩基が１組となって１つのアミノ酸を指定する過程を指します。したがって、正解は①となります。なお、コロナウイルスのmRNAワクチンは、コロナウイルスのタンパク質の一部の情報をもつmRNAをワクチンとして体内に入れることにより、体内でコロナウイルスのタンパク質の一部を合成させ、抗原抗体反応を利用して抗体を生産するものです。

解答番号【5】：①　⇒**重要度C**

問２　DNAの塩基は、「AとT」「GとC」がそれぞれ互いに結合しやすい性質をもっています。表１の大腸菌の塩基の割合を見ると、AとTは24.7％と23.6％でほぼ等しい値となっており、またGとCも26.0％と25.7％でほぼ等しい値となっています。このような塩基の相補性はシャルガフ（1905～2002）らが発見しました。この塩基の相補性の発見が、その後のワトソン（1928～）とクリック（1916～2004）によるDNAの二重らせん構造の発見につながりました。したがって、正解は①となります。なお、メンデルの遺伝の法則とは、メンデル（1822～1884）がエンドウの交配実験で見つけ出した遺伝における優性や劣性等の法則のことをいいます。

解答番号【6】：①　⇒**重要度B**

問３　図１は、縦軸が細胞数を、横軸が細胞あたりのDNA量（相対値）を表しています。この細胞数とは、ある生物の組織の細胞を観察し、観察した範囲の中でカウントされる細胞の数です。DNA 量が１である期間（図１のX）は、M期（分裂期）が終了し、DNA が複製されるＳ期までの G_1 期です。また、DNA 量が２である期間（図１のZ）は、DNA の複製が行われるＳ期の後の G_2 期とM期（分裂期）の間です。そして、DNA 量が１～２の期間（図１のY）は、DNA が複製されるＳ期です。よって、ｃとｅが正しいことがわかります。したがって、正解は⑥となります。

解答番号【7】：⑥　　⇒**重要度Ｂ**

問４　ショウジョウバエの染色体は４対（８本）です。図２はショウジョウバエの４対の染色体を表しています。同じ大きさで同じ形の染色体を相同染色体といいます。相同染色体の片方は父方由来、もう片方は母方由来の染色体です。真核生物の体細胞には、相同染色体が１対ずつあります。相同染色体の父方由来または母親由来の染色体１セットをそれぞれ１ゲノムと数えます。図３のＡ～Ｃのうち、図２の相同染色体のそれぞれ片方のみ示されているものが１組のゲノムを表しています。Ｂは全染色体を示しており、Ｃはそれぞれの相同染色体の片方のみが示されているのではありません。よって、それぞれの相同染色体の片方が示されているＡが正しいことがわかります。したがって、正解は①となります。

解答番号【8】：①　　⇒**重要度Ｂ**

3

問１　血液凝固についての仮説実験に関する問題です。会話文の６行目にある花子さんの「血液凝固にはカルシウムイオンが必要である」という仮説をもとに、実験と検証を行っています。カルシウムイオンとは、カルシウムが電離した（正または負の電荷をもつ）ものです。血液にクエン酸ナトリウムを加えると、クエン酸ナトリウムがカルシウムイオンと結合してクエン酸カルシウムになります。これにより、カルシウムイオンを血中から取り除くことができます。血液中からカルシウムイオンを取り除いた場合に血液が凝固しなければ、仮説は正しいことになります。一方で、カルシウムイオンを取り除いた場合に血液が凝固するならば、仮説は否定されます。比較対象実験とは、特定の条件を除いて行う実験のことです。本問では「クエン酸ナトリウムを加える」という条件を除外して、クエン酸ナトリウムなしで血液が凝固することが確認できれば、カルシウムイオンが血液凝固に関わっていることを実証できます。したがって、正解は③となります。

解答番号【9】：③　　⇒**重要度Ｃ**

問２　肝臓は体の化学工場と呼ばれています。肝臓では、さまざまな物質の生成・貯蔵・分解が行われています。古くなった赤血球はひ臓で破壊され、ヘモグロビンからビリルビンという物質を生成します。ビリルビンは肝臓に運ばれ、肝臓でつくられる胆汁の中に排出されます。この胆汁は胆管を通って胆のうに一次的に貯蔵されて、食事が刺激となって胃と小腸の間に位置する器官である十二指腸に排出されます。胆汁中の胆汁酸は脂肪を乳化して消化を助けます。したがって、正解は⑥となります。

解答番号【10】：⑥　　⇒**重要度Ｂ**

問３　一般的に、交感神経は興奮状態や活動を活発にしなければならないときにはたらき、副交感神経は休息や食事のときなどリラックスしたときにはたらきます。緊張して心臓がドキドキするのは興奮状態にあるので、交感神経がはたらいています。交感神経がはたらくと、心臓の拍動が促進されて体内へ血液を送り出す速度が速まり、心臓から大量の血液が送り出されます。また、気管支が拡張され、肺に空気が多く取り込まれて、血中の酸素濃度が上がります。このような過程で、全身の細胞に多くの酸素が届けられ、細胞呼吸によってより多くのエネルギーを取り出すことができます。したがって、正解は③となります。

解答番号【11】：③　⇒重要度A

問４　図３のグラフは、縦軸が各ホルモンの血中濃度の相対値を、横軸が食後の経過時間を表しています。血糖のグラフは縦軸を血中の血糖値としたものです。食後から血中の血糖値が上がっていき、その後は緩やかに下がり食前の血糖値に近づいていきます。Xのグラフは、食後急激にその血中濃度が上がり、その後に急激に下がる傾向が読み取れます。血液中のグルコースの濃度を表す血糖値は、空腹時で血液100mL中に100mg前後に保たれています。食事をして、血中の血糖値が上昇すると、視床下部やすい臓のランゲルハンス島のＢ細胞が血糖値の上昇を感知し、インスリンを血中に分泌します。インスリンは、肝臓や筋肉や脂肪組織にはたらきかけて血中のグルコース濃度を下げます。そして、血中のグルコース濃度が下がると、フィードバックによりインスリンの分泌量が下がります。よって、血糖値が上昇するとともにその濃度が上昇し、血糖値が下がるとともにその濃度が下がっているXのグラフは、インスリンの濃度を示すグラフだとわかります。Ｙのグラフは、食後にその濃度が下がっています。このことから、血糖値が低下したときに分泌されるグルカゴンの血中濃度を示しているグラフだとわかります。したがって、正解は④となります。なお、ランゲルハンス島のＡ細胞は、グルカゴンを分泌します。

解答番号【12】：④　⇒重要度B

問５　初めて抗原が体内に侵入し、一次応答の免疫反応により記憶細胞が残り、２度目に抗原が体内に侵入したとき、一次応答より強い免疫反応が現れることを二次応答といいます。ａの血清とは、抗原を動物の血液中に注射し抗体をつくらせ、その後にその動物の血液を採取し、その中からその抗原に対する抗体を多く含む抗血清を取り出して、ヒトの治療に利用するものです。ヘビ毒による一次応答に対し、抗血清中の抗体が抗原を排除しています。ｂについて、最初にスズメバチに刺された経験が一次応答となります。そして、２度目に刺されたときが二次応答となります。二次応答で抗原抗体反応が過敏に起こり、さらに全身性の強い反応を引き起こすことをアナフィラキシーショックといいます。ｃについて、皮ふ移植によって、移植された皮ふを抗原とみなし抗原抗体反応により脱落が起こる反応は一次応答です。ｄについて、予防接種とは弱毒化したウイルスを体に注射して、一次応答により免疫記憶を生じさせることです。インフルエンザウイルスに実際に感染したとき、二次応答により効率よく発病を防ぐことができます。したがって、正解は⑤となります。

解答番号【13】：⑤　⇒重要度A

4

問１　①のベニシダは、図１から光の当たりにくい（日当たりの悪い）ところに生息する陰生植物であることがわかります。②のススキは、図１から日当たりの良いところに生息する陽生植物だとわかります。③のコナラは、図１から日当たりの良いところに生育する陽生植物だとわかります。④のアオキは、日当たりの悪いところでも生育できる陰生植物だとわかります。したがって、正解は②となります。

解答番号【14】：② ⇒ **重要度A**

問２　①について、表１から極相に出現するミズナラは落葉広葉樹、エゾマツは常緑針葉樹であることがわかります。よって、①は誤りです。②について、風によって運ばれる種子のうち、エゾマツは遷移の極相で出現する植物です。よって、②は誤りです。③について、表１からどんぐりは極相で出現するミズナラの種子であることがわかります。よって、③は誤りです。④について、遷移の初期に出現する植物であるオオバヤシャブシ・イタドリ・ガマは風によって運ばれる種子です。エゾマツは風で運ばれる種子をもつ極相の植物ですが、「風によって種子を遠くに散布する種が多い」ということばから、例外があることが読み取れます。したがって、正解は④となります。

解答番号【15】：④ ⇒ **重要度B**

問３　誤っている文章を選びます。①について、年平均気温が－10℃の地域は、気温が極めて低い寒冷地域です。生育できる植物の種類が限られる荒原となります。②について、年平均気温が25℃のバイオームは、図２から熱帯多雨林・亜熱帯多雨林・雨緑樹林・サバンナ・砂漠とわかります。常緑の植物が優占種となるのは熱帯多雨林と亜熱帯多雨林のみです。雨緑樹林は、雨季に葉を茂らせ乾季に葉を落とす落葉広葉樹が優占種となります。サバンナは、イネ科の草本類が優占種となり、砂漠では植物はほとんど見られません。③について、年降水量0mmのバイオームは砂漠となります。ツンドラも降水量が少ないですが、図２から0mmとはならないことが読み取れます。④について、年降水量2000mmのバイオームは、図２から夏緑樹林・照葉樹林・雨緑樹林とわかります。これらは森林です。したがって、正解は②となります。

解答番号【16】：② ⇒ **重要度A**

問４　標高が100m増すごとに気温は0.5℃～0.6℃低下します。そのため、山岳地域では標高の低いほうから高いほうに向かって水平分布と同様のバイオームの分布が見られます。これを垂直分布といいます。会話文の５行目の太郎さんの発言にも、「標高の違いによって複数のバイオームが存在する」とあります。また、図３の矢印が指している辺りのように、山岳地帯では標高が高くなると高木の森林が急に見られなくなる地帯があります。これを森林限界といいます。それよりも高所を高山帯といいます。高山帯では、夏になるとコマクサやイワギキョウなどの高山植物の草原（お花畑）が見られます。亜高山帯は、高山帯より低い標高の地帯のため、森林となります。したがって、正解は①となります。

解答番号【17】：① ⇒ **重要度A**

5

問１　誤っている文章を選びます。①について、生産者とは、光エネルギーから有機物をつくり出す植物のことです。植物は、光合成によって無機物（二酸化炭素・水）から有機物（糖）を生産し、エネルギーとして蓄えます。②について、消費者とは、生産者のつくった有機物を直接的または間接的に栄養分として利用するものをいいます。有機物（糖）を無機物（二酸化炭素・水）に分解する生物を分解者といいます。③について、分解されてできた無機物（二酸化炭素・水）は非生物的環境（大気）に戻り、再び生産者の光合成によって生態系内に取り込まれます。④について、エネルギーは生産者により光エネルギーから化学エネルギーに変えられて、有機物中に蓄えられ、食物連鎖を通じてさまざまな生物に渡されていきます。この化学エネルギーは、それぞれの生物の生命活動に使われるたびに一部は熱エネルギーとなって体外に放出されます。この熱エネルギーを化学エネルギーに変換して再利用することは生物にはできません。よって、最終的に化学エネルギーはすべて熱エネルギーとなって生態系外（大気中）に放出されることになりますから、エネルギーが生態系内を循環することはありません。したがって、正解は④となります。

解答番号【18】：④　　⇒**重要度A**

問2　会話文の8行目の太郎さんの発言にある「このブナの木、葉がないね」ということばと、それに続く花子さんの発言内容から、青虫の餌がブナの葉であることが推測できます。また、14行目から15行目にかけての花子さんの発言に「青虫を食べているさっきの甲虫がいる」とありますので、甲虫の餌は青虫だとわかります。これらのことから、食う食われるの関係で並べてみると、「ブナの葉→青虫→甲虫」という順になることがわかります。このような捕食・被食を通じてつくられる生物どうしのつながりの関係を食物連鎖といいます。実際、生物は、一対一のつながりではなく、多くの生物を捕食し、また被食されていて食物連鎖は複雑に絡み合っています。こうした関係を食物網といいます。したがって、正解は⑤となります。

解答番号【19】：⑤　　⇒**重要度B**

問3　里山では、陽樹的な性質をもつコナラやクヌギなどの落葉広葉樹が優占しています。これらの樹種は、切られても切り株から新しい芽が伸びて数十年で成木となります。よって、伐採を繰り返しても持続的に利用し続けることができます。ただ、切り株から成木を再生するためには、ササなどの下草や陰樹的な常緑広葉樹のカシ類などの樹木や落ち葉を取り除くというような適度な人の管理が必要となります。このような里山の雑木林が放置されると、ササが林の地表を覆い常緑の低木が優占するようになって、地面に光が届きにくくなり、陽生植物が生育できなくなります。そして、草本類の種類も減少していって、生物の多様性が失われていきます。したがって、正解は③となります。

解答番号【20】：③　　⇒**重要度A**

令和４年度 第１回
高卒認定試験

生物基礎

解答時間　50分

注　意　事　項（抜粋）

＊　試験開始の合図前に，監督者の指示に従って，解答用紙の該当欄に以下の内容をそれぞれ正しく記入し，マークすること。

①**氏名欄**

氏名を記入すること。

②**受験番号**，③**生年月日**，④**受験地欄**

受験番号，生年月日を記入し，さらにマーク欄に**受験番号**（数字），**生年月日**（年号・数字），**受験地をマーク**すること。

＊　**受験番号，生年月日，受験地が正しくマークされていない場合は，採点できないことがある。**

＊　解答は，解答用紙の解答欄にマークすること。例えば，［10］と表示のある解答番号に対して②と解答する場合は，次の(例)のように**解答番号** 10 の**解答欄**の②に**マーク**すること。

（例）

解答番号	解　答　欄
10	① ● ③ ④ ⑤ ⑥ ⑦ ⑧ ⑨ ⓪

生 物 基 礎

（解答番号 1 ～ 20 ）

1 生物の特徴について，問1～問4に答えよ。

問1 次の文章は，生物の大きさについての太郎と花子の会話である。文章中の空欄 ア ～ ウ に入る語句の正しい組合せを，次のページの①～④のうちから一つ選べ。
解答番号は 1 。

太 郎：ビオトープの池の水をすくってみたら，何か泳いでいるものが見えたよ。
顕微鏡で観察したものがこの生き物(図1)だよ。
花 子：この生き物は ア だね。私は乳製品を顕微鏡の高倍率で観察したけど，「小さすぎてよく分からない。」と先生に言ったら， イ 顕微鏡で観察した写真(図2)を見せてもらえたよ。観察できたのは乳酸菌だったわ。
太 郎：僕は池の近くで見つけた別の生き物を顕微鏡で観察して，スケッチ(図3)したよ。
花 子：この生き物はイシクラゲ，またはネンジュモとも言うよ。
太 郎： ア と乳酸菌とイシクラゲの1つの細胞の大きさを順に並べるとどうなるかな。
花 子：この順番かな。
ア ＞ ウ

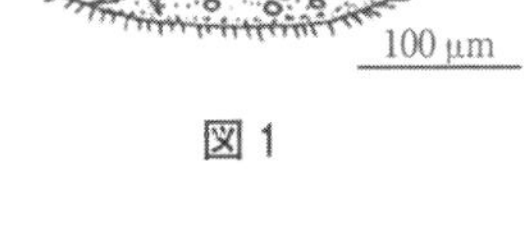

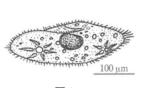

図1

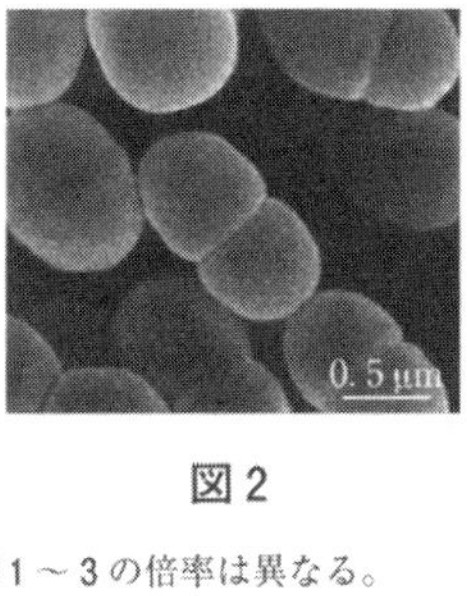

図2

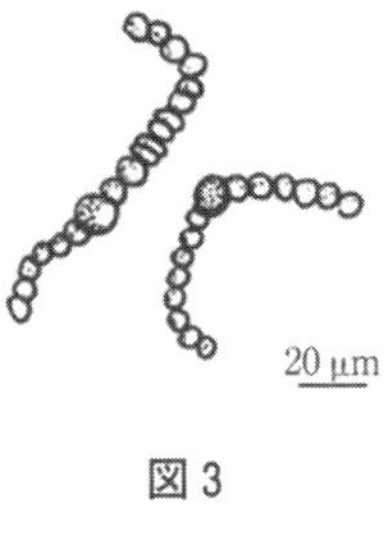

図3

※図1～3の倍率は異なる。

	ア	イ	ウ
①	ミドリムシ	電　子	イシクラゲ > 乳酸菌
②	ミドリムシ	光　学	乳酸菌 > イシクラゲ
③	ゾウリムシ	電　子	イシクラゲ > 乳酸菌
④	ゾウリムシ	光　学	乳酸菌 > イシクラゲ

問 2 次の文章は，太郎がオオカナダモの葉の細胞を観察した結果を記したものである。文章中の空欄 エ と オ に入る語句の正しい組合せを，下の①～⑥のうちから一つ選べ。解答番号は 2 。

【オオカナダモの葉の細胞の観察結果】

1. プレパラートの作成時に染色液を使用しなかった時の様子

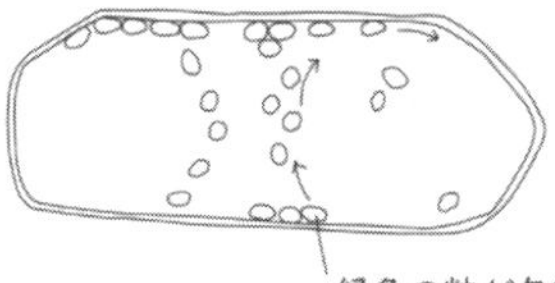

緑色の粒が動いていた。

図 4

2. プレパラート作成時に染色液として酢酸カーミン溶液を使用した時の様子

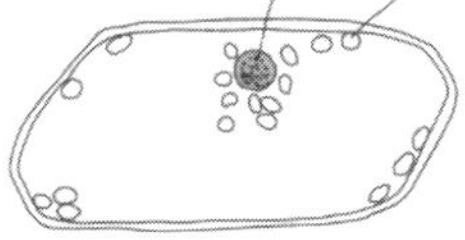

緑色の粒が動いていなかった。

赤く染色された核を観察できた。

図 5

【まとめ】

オオカナダモの葉の細胞には緑色の粒が確認でき，その粒は エ である。核は染色液により染まり，観察できるようになった。

また， オ と同じように，核と細胞壁が確認できた。

	エ	オ
①	ミトコンドリア	アメーバ
②	ミトコンドリア	タマネギの表皮細胞
③	葉緑体	アメーバ
④	葉緑体	タマネギの表皮細胞
⑤	液　胞	アメーバ
⑥	液　胞	タマネギの表皮細胞

問 3　図6は，ヒトの呼吸によるエネルギーの流れを模式的に示したものである。図中の空欄 カ と キ に入る語句と**呼吸に関する適切な文**の正しい組合せを，下の①～④のうちから一つ選べ。解答番号は 3 。

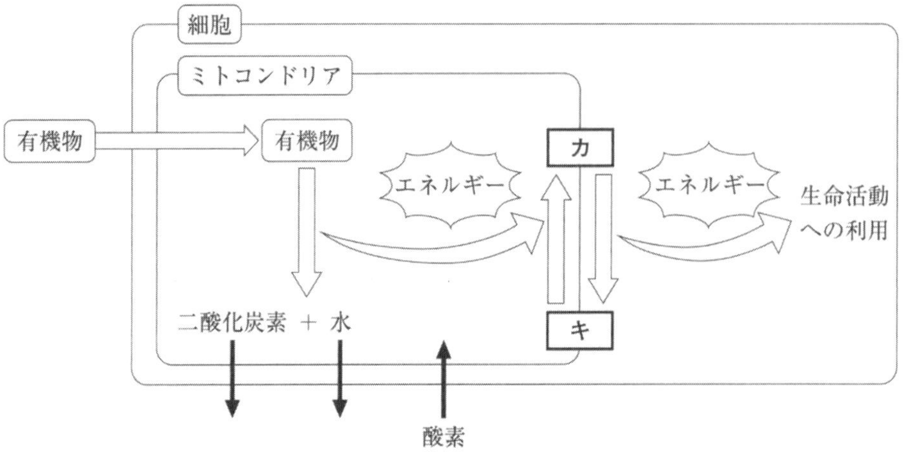

図6

【呼吸に関する文】

A　呼吸は有機物からエネルギーを取り出す反応である。

B　呼吸は細胞内で行われる反応で，酵素が関わらない反応である。

C　ヒトが吐く息の中には，有機物の分解でできた二酸化炭素も含まれている。

D　呼吸では，グルコースなどの有機物が分解される。

	カ	キ	呼吸に関する適切な文
①	ATP	ADP	A・B・C
②	ATP	ADP	A・C・D
③	ADP	ATP	A・B・D
④	ADP	ATP	B・C・D

問 4　次の文章は，細胞内共生説（共生説）についての太郎と花子の会話である。文章中の空欄 ク と ケ に入る語句と コ に入る記号の正しい組合せを，次のページの①〜④のうちから一つ選べ。解答番号は 4 。

花　子：ミトコンドリアと葉緑体の起源について，分からないことがあるから教えてもらえるかな。

太　郎：もちろんいいよ。

花　子：元になる原核生物にシアノバクテリアの仲間と呼吸を行う細菌が共生して，今の細胞小器官になった。シアノバクテリアの仲間が ク に，酸素を使う細菌が ケ になった。ここまでは理解しているの。でも，どうして動物細胞には ク がないのかしら。

太　郎：共生した流れを考えると分かるよ。次の図（**図 7**）でどちらが正しいか分かるかな。

花　子：共生した流れを表しているのは コ ね。分かったわ，ありがとう。

E

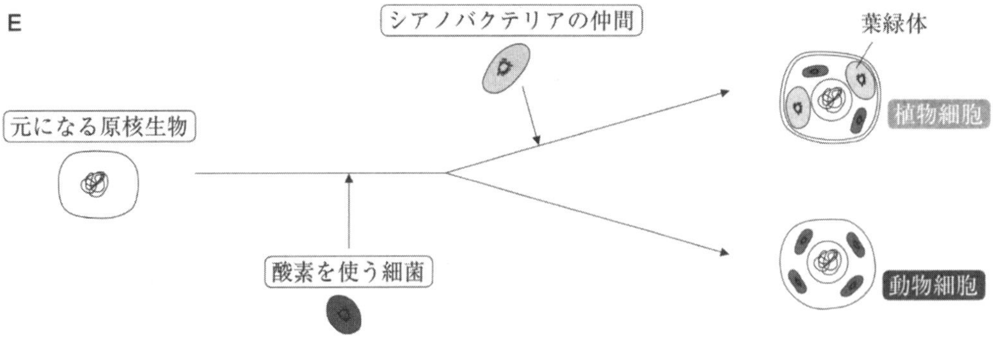

元になる原核生物に酸素を使う細菌が共生した後に，シアノバクテリアの仲間が共生して植物細胞になった。

F

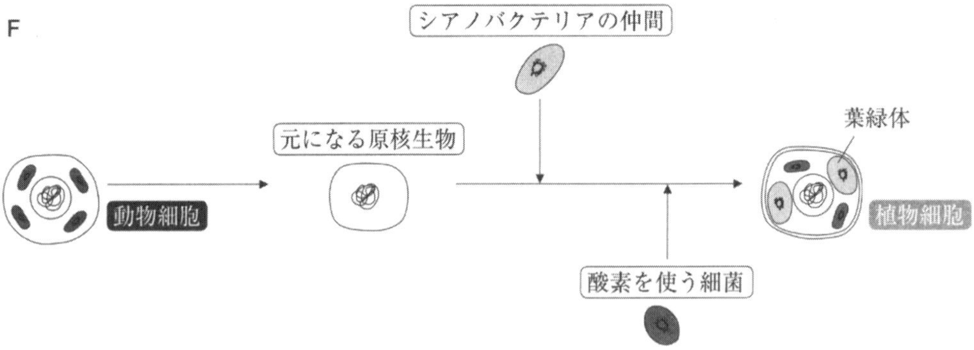

動物細胞から元になる原核生物ができ，そこにシアノバクテリアの仲間と酸素を使う細菌が共生して植物細胞になった。

図7

	ク	ケ	コ
①	ミトコンドリア	葉緑体	E
②	ミトコンドリア	葉緑体	F
③	葉緑体	ミトコンドリア	E
④	葉緑体	ミトコンドリア	F

2 遺伝子とその働きについて，**問 1** ～**問 4** に答えよ。

問 1 図1は，DNA の構造の一部を模式的に示したものである。ヌクレオチドの１つを正しく太線で囲んだものを，下の①～⑤のうちから一つ選べ。解答番号は 5 。

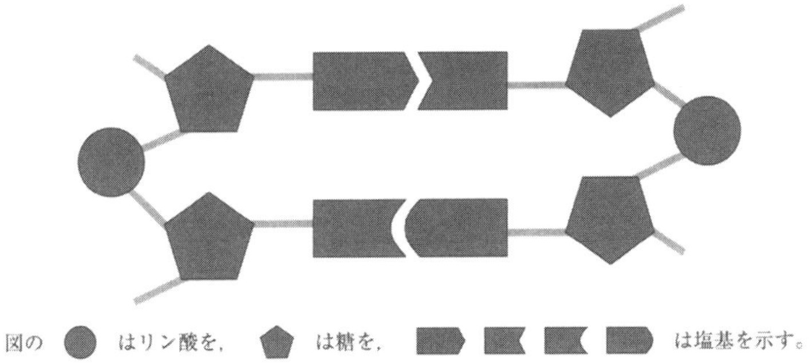

図の　はリン酸を，　は糖を，　は塩基を示す。

図１

①

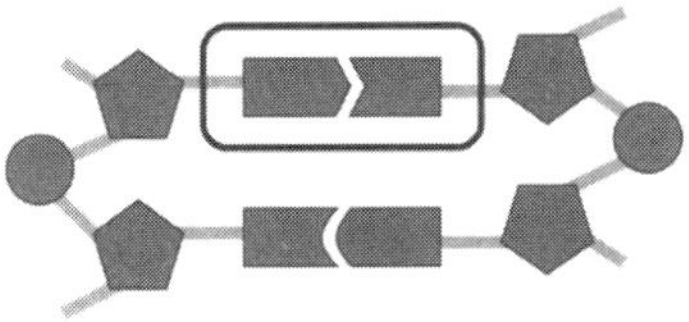

②

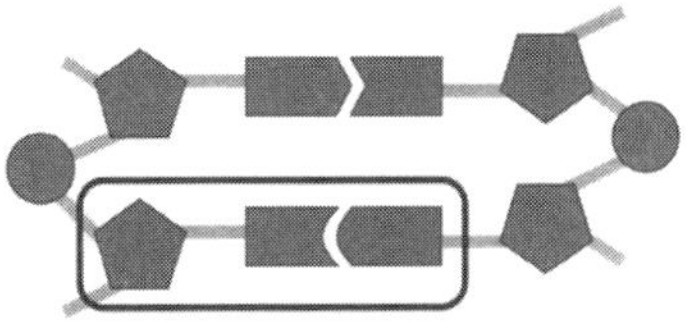

③

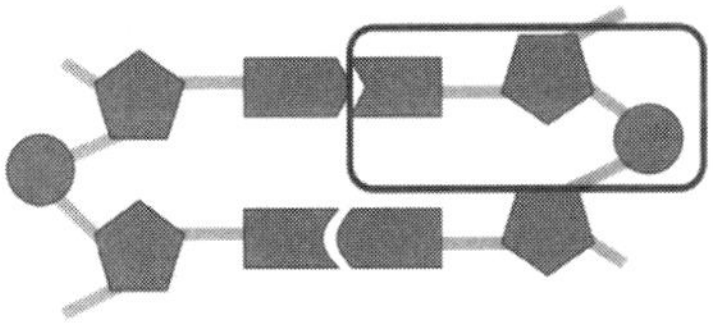

④

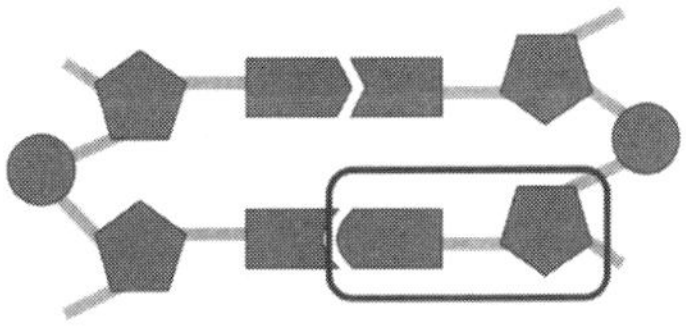

⑤

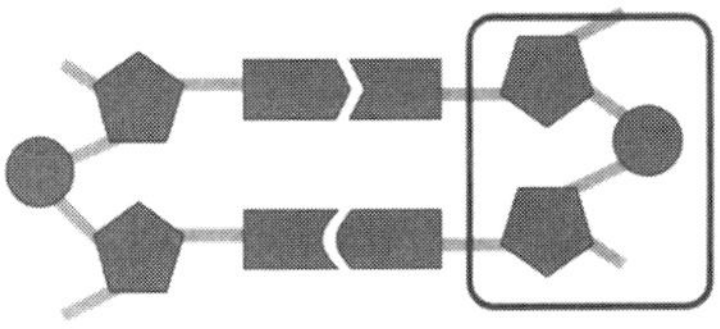

問 2　**表 1** は，各生物の遺伝子数とゲノムの塩基対数を示したものである。この表から分かることについて述べた正しい文を，下の①～④のうちから一つ選べ。解答番号は 6 。

表 1

生物名	遺伝子数(個)	ゲノムの塩基対数
ヒト(動物)	約 2 万 2000	約 30 億
ショウジョウバエ(動物)	約 1 万 4000	約 1 億 7000 万
メダカ(動物)	約 2 万	約 7 億
ニワトリ(動物)	約 1 万 5000	約 10 億 7000 万
イネ(植物)	約 3 万 2000	約 3 億 9000 万
シロイヌナズナ(植物)	約 2 万 7000	約 1 億 4000 万
大腸菌(細菌)	約 4500	約 460 万

① **表 1** の生物では，ゲノムの塩基対数が多い生物ほど遺伝子数が多い。

② ゲノムの塩基配列の中には遺伝子として働かない部分があるため，**表 1** からは，各生物における 1 つの遺伝子の平均的な大きさ(塩基対数)を求めることはできない。

③ **表 1** の生物では，ゲノムの塩基対数は，遺伝子数の 1000 ～ 2000 倍の値となっていることが分かる。

④ **表 1** から，ヒトの体をつくる細胞数はショウジョウバエの約 30 倍，イネの体をつくる細胞数はシロイヌナズナの約 3 倍であることが分かる。

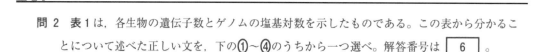

問 3 次の文章は，細胞周期と体細胞分裂についての太郎と花子の会話である。文章中の空欄 ア と イ に入る語句の正しい組合せを，下の①～④のうちから一つ選べ。解答番号は 7 。

太　郎：体細胞分裂について教えてもらえるかな。なぜ，細胞が分裂を繰り返しても，細胞 1 個当たりの DNA 量が減らないのか分からないんだ。

花　子：いいよ。細胞周期の図(**図 2**)を描いてみるね。細胞周期の中には，元の DNA と同じ DNA が合成される時期として ア があって，その時期に DNA 量が倍に増える。そして倍に増えた DNA が分裂期を経て 2 つの娘細胞に等しく分配される。だから何回分裂しても細胞 1 個当たりの DNA 量は変わらないんだ。

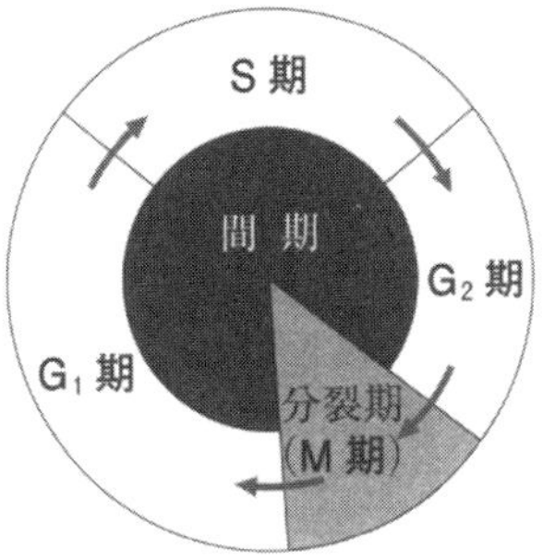

図 2

太　郎：DNA 量が増える時期があるからなんだね。ところで，細胞周期が一周する時間の長さは測れるのかな。

花　子：例えば，実験用に容器の中で増やしている細胞のように，盛んに分裂し，細胞が分裂するタイミングがそろっていない多数の細胞の数が イ 倍になる時間を調べればいいんだよ。

	ア	イ
①	G_1 期	4
②	G_1 期	2
③	S 期	4
④	S 期	2

問 4　次の文章は，だ腺染色体の観察についての太郎と花子の会話である。文章中の空欄 ウ と エ に入る語句の正しい組合せを，下の①～⑥のうちから一つ選べ。
解答番号は 8 。

太　郎：外にしばらく放置してあった水槽にユスリカの幼虫のアカムシがいたから，教科書に載っているパフの観察をやってみたんだ。

花　子：それ，私もやってみたかった実験だ。

太　郎：メチルグリーン・ピロニン染色液を使って実験したよ。DNA と RNA を染め分けたかったからね。

花　子：DNA はメチルグリーンで青緑色に，RNA はピロニンで赤色または赤桃色に染まるんだよね。観察してみてどうだったのかな。

太　郎：スケッチ(図 3)してみたんだ。パフが赤色で，パフじゃない部分は青緑色だったよ。

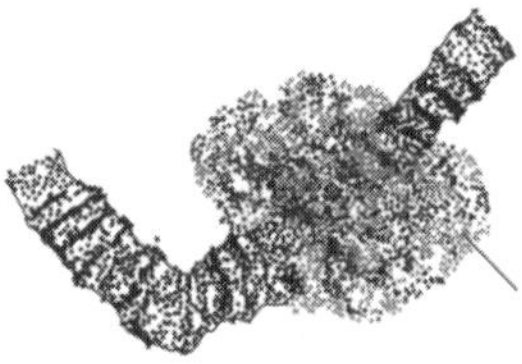

図 3

花　子：パフが赤色になったということは，その部分に RNA が多くあるということだから， ウ が盛んに起こっているんだよね。

太　郎：うん。だから，パフの位置は ウ が盛んに起こっている エ の位置を反映しているということだよね。

	ウ	エ
①	複　製	細　胞
②	複　製	遺伝子
③	翻　訳	細　胞
④	翻　訳	遺伝子
⑤	転　写	細　胞
⑥	転　写	遺伝子

令和4年度第1回試験

3 生物の体内環境の維持について，問1～問5に答えよ。

問1 次の文章は，血球の働きについて述べたものである。文章中の空欄 ア ～ ウ に入る記号の正しい組合せを，下の①～④のうちから一つ選べ。解答番号は 9 。

> 脊椎動物の赤血球には，ヘモグロビンというタンパク質が含まれている。ヘモグロビンは，肺胞のように ア ところでは，酸素と結合して酸素ヘモグロビンになる。一方，筋肉のように イ ところでは，酸素を離して元のヘモグロビンに戻る性質がある。
>
> 酸素ヘモグロビンを多く含む血液は，鮮やかな紅色をしており，動脈血と言われる。ヒトの心臓の模式図(図1)において，動脈血が流れる場所は， ウ である。

【 ア と イ に入る記号】

Ⅰ 酸素濃度が高く，二酸化炭素濃度が低い

Ⅱ 酸素濃度が低く，二酸化炭素濃度が高い

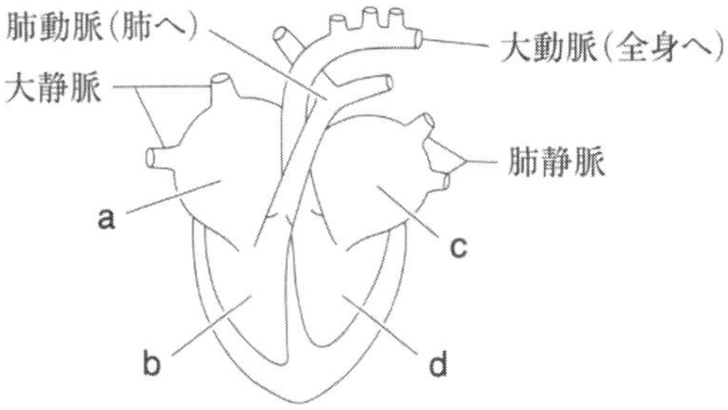

図1

	ア	イ	ウ
①	Ⅰ	Ⅱ	aとb
②	Ⅰ	Ⅱ	cとd
③	Ⅱ	Ⅰ	aとb
④	Ⅱ	Ⅰ	cとd

問 2　次の文章は，腎臓の働きについての太郎と花子の会話である。文章中の空欄 [エ] ・ [カ] に入る語句の正しい組合せを，次のページの①～⑤のうちから一つ選べ。
解答番号は [10] 。

太　郎：腎臓の構造と働きがよく分からなかったから，まとめてみたんだ(図２)。花子さん，確認してもらっていいかな。

(1)　腎臓のつくりについて

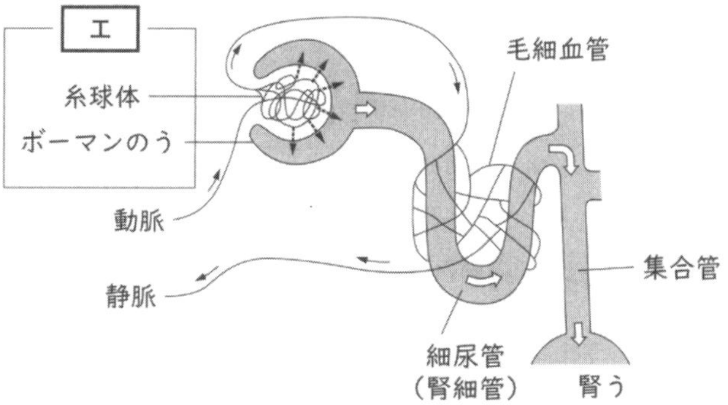

※　矢印は血液や原尿などの液体の流れを示す。

(2)　尿の生成について

血液から次のようにつくられていく

ⅰ　ろ過(糸球体からボーマンのうへ)・・・血球やタンパク質以外の物質がろ過され原尿となる。

ⅱ　再吸収(細尿管から毛細血管へ)・・・ [オ] は，基本的に全て再吸収される。水，無機塩類などは再吸収される量が調節される。

ⅲ　再吸収されなかった物質は尿となって腎うに移動する。

図２

花　子：よくまとめられているよ。腎臓は(2)のⅱのように恒常性にも関係しているけど，どんな仕組みか説明できるかな。

太　郎：尿の量と成分を調節することで，体内環境を一定に保つということだよね。そこで特に大切なのは，脳下垂体から分泌される [カ] というホルモンだね。そのホルモンの働きで，腎臓は尿量を調節して，体液濃度を一定に保っている。

花　子：自分なりにまとめてみることで知識が整理できるよね。

	エ	オ	カ
①	腎単位(ネフロン)	グルコース	鉱質コルチコイド
②	腎単位(ネフロン)	グリコーゲン	鉱質コルチコイド
③	腎単位(ネフロン)	グルコース	バソプレシン
④	腎小体	グリコーゲン	鉱質コルチコイド
⑤	腎小体	グルコース	バソプレシン

問 3　次の文章は，糖尿病について述べたものである。文章中の空欄 キ ～ ケ に入る記号の正しい組合せを，下の①～⑥のうちから一つ選べ。解答番号は 11 。

糖尿病は，血糖濃度が高い状態が続く病気である。この病気は，大きく２つに分けられ，１つはⅠ型糖尿病で，インスリンを分泌する細胞が破壊されている。もう１つはⅡ型糖尿病で，主に標的細胞がインスリンを受け取れなくなっている。

図３は，３人の食事後の血糖濃度とインスリンの濃度変化を示したものである。

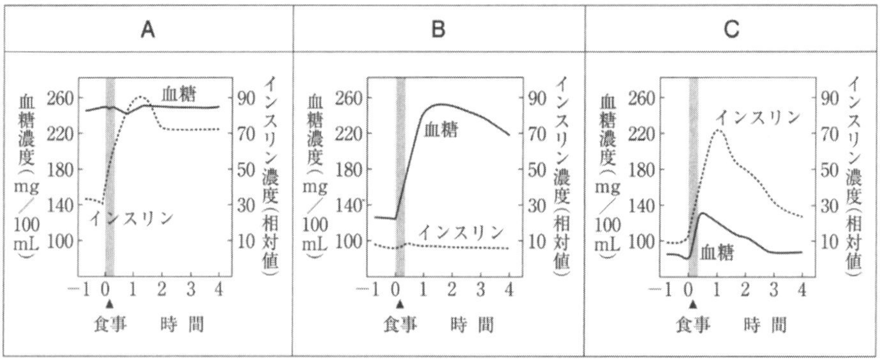

図３

図３のグラフ**A**～**C**において，健康な人のグラフは キ ，Ⅰ型糖尿病の人のグラフは ク ，Ⅱ型糖尿病の人のグラフは ケ である。

	キ	ク	ケ
①	A	B	C
②	A	C	B
③	B	A	C
④	B	C	A
⑤	C	A	B
⑥	C	B	A

問 4　次の図は，免疫に関係する用語を，**体液性免疫**，**細胞性免疫**，**両方の免疫に共通**なものに分けて示したものである。正しい図を，次の①～④のうちから一つ選べ。
解答番号は 12 。

①
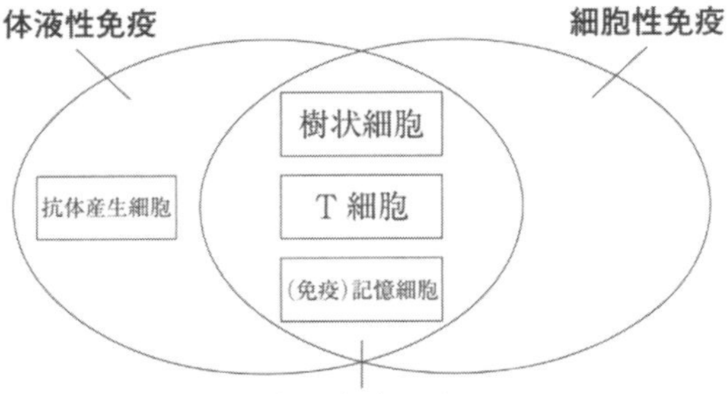

②
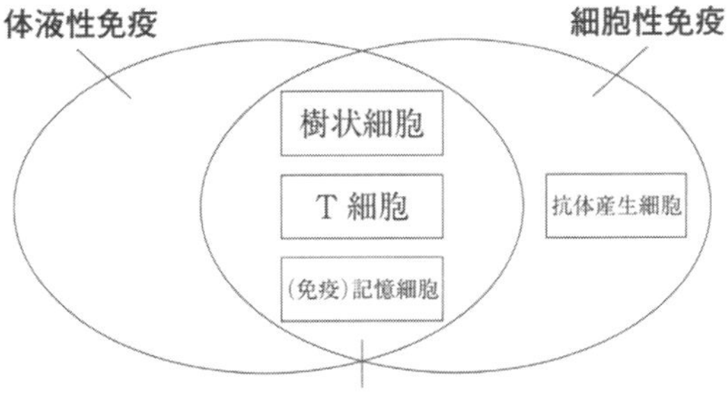

③
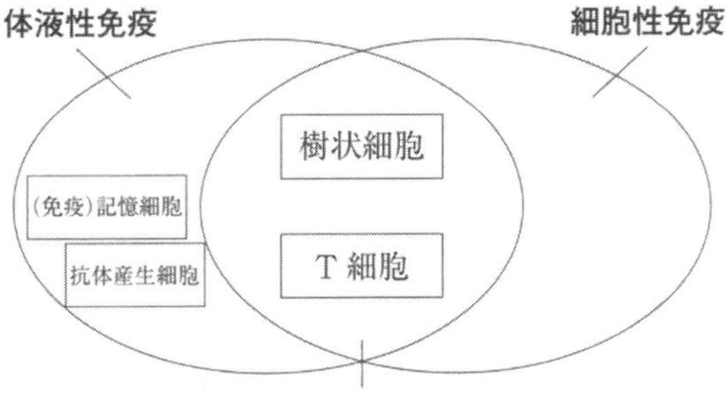

④
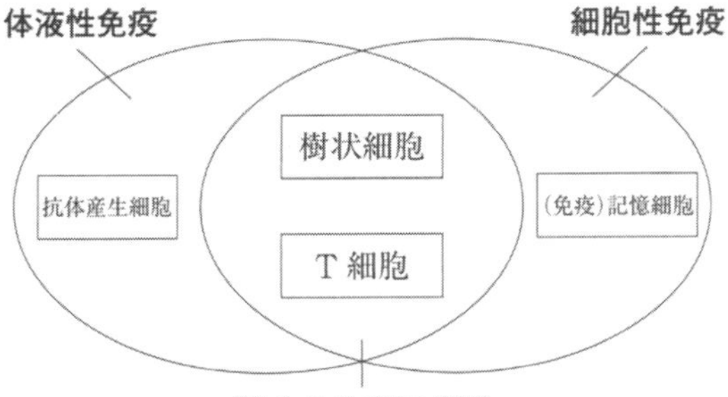

問 5　次の文章は，アカガイの血球についての太郎と花子の会話である。文章中の空欄 コ と サ に入る語句の正しい組合せを，次のページの①～④のうちから一つ選べ。解答番号は 13 。

太　郎：血球の観察をしたいんだよね。

花　子：先生からアカガイで血球の観察ができると聞いたよ。近所の魚屋さんにアカガイが売っていたから，観察してみようか。

太　郎：血液がそのまま顕微鏡で観察できるのかな。

花　子：先生が「貝の体液と同じ濃度の 3.5 % の食塩水を加えて観察すると，血球を観察できる。」って言ってたよ。

太　郎：蒸留水とか他の濃度の食塩水ではだめなのかな。いろんな濃度で観察してみようよ。

～実験後～

太　郎：ほ乳類の赤血球と違ってだ円形だったね。だ円形だから長い直径と短い直径も測ってまとめてみたよ(表 1)。

表 1

加えた溶液	スケッチ	血球の様子
3.5 % 食塩水	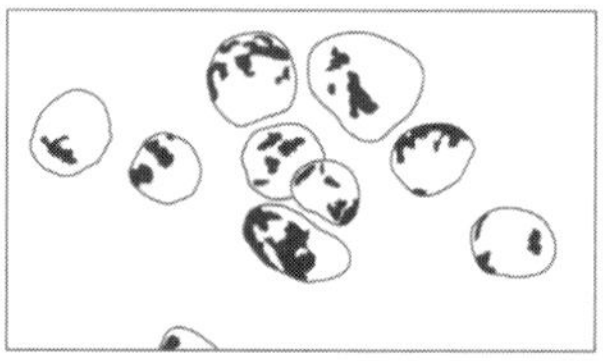	円盤状の血球が見られた。 長い直径の平均は 13.6 μm 短い直径の平均は 10.4 μm
10 % 食塩水	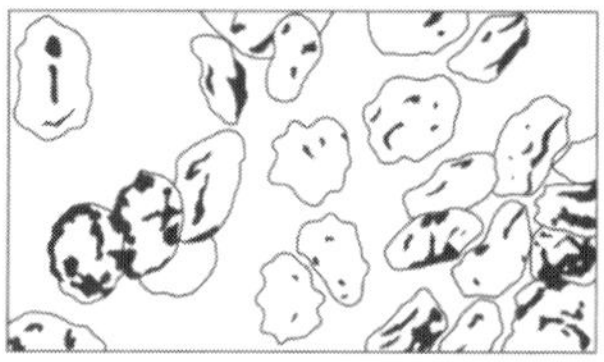	3.5 % 食塩水の血球よりも小さかった。 長い直径の平均は 10.0 μm 短い直径の平均は 8.9 μm
蒸留水	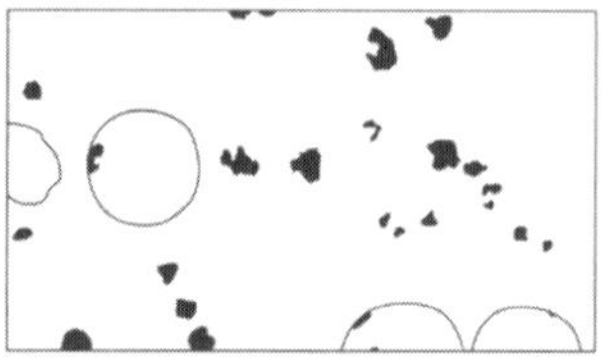	3.5 % 食塩水，10 % 食塩水に比べて，血球の数が極端に少なかった。 長い直径の平均は 16.3 μm 短い直径の平均は 16.0 μm

花　子：今回の実験から言えることを整理してみると，血球の直径は，体液と同じ濃度の 3.5 % 食塩水よりも 10 % 食塩水の方が［コ］なったということね。

太　郎：蒸留水の時は血球の数が極端に少なかったけど，何でだろう。

花　子：3.5 % の食塩水に入れた時よりも，血球が［サ］見えなくなったんだね。

太　郎：なるほど。濃度が違うだけでこんなに違うんだね。体液濃度が保たれることは大切なんだね。

	コ	サ
①	大きく	大きくなりすぎて壊れて
②	大きく	小さくなりすぎて
③	小さく	大きくなりすぎて壊れて
④	小さく	小さくなりすぎて

4 植生の多様性と分布について，**問1**～**問4**に答えよ。

問1 次の文章は，森林に関する調査についての先生と太郎と花子の会話である。文章中の空欄 ア ～ ウ に入る語句の正しい組合せを，下の①～⑤のうちから一つ選べ。
解答番号は 14 。

先　生：夏休みに行った森林Xと森林Yの調査結果は，どのようにまとまりましたか。

太　郎：僕のグループでは，調査方法を説明した後に，「森林Xでは，林冠上部の光の強さ(明るさ)を100％としたときに，林床の光の強さは5％だった。」ということを，まとめとして発表しようと思います。

花　子：私のグループが調べた森林Yでは林床の光の強さは30％だったよ。つまり，林冠に当たる光の強さが同じであるとすると，森林Yの林床の方が ア ということになるね。どうしてこんな違いが生じたのかしら。

先　生：それぞれの森林の様子を描いてきたもの(**図1**と**図2**)を比べてみたらどうかな。

太　郎：生えている木の様子が違うね。僕のグループが調べた森林Xの方が階層構造が発達していたから， イ だね。

図1　　**図2**

花　子：林冠の高さはほぼ同じなのに，**図2**では ウ が見られないね。

	ア	イ	ウ
①	暗　い	**図1**は森林Xで，**図2**は森林Y	高木層
②	暗　い	**図1**は森林Yで，**図2**は森林X	亜高木層
③	明るい	**図1**は森林Xで，**図2**は森林Y	高木層
④	明るい	**図1**は森林Xで，**図2**は森林Y	亜高木層
⑤	明るい	**図1**は森林Yで，**図2**は森林X	亜高木層

問 2 次の文章は，極相林について述べたものである。文章中の空欄 エ と オ に入る記号の正しい組合せを，次のページの①～⑥のうちから一つ選べ。解答番号は 15 。

図 3は，ある照葉樹林の極相林にギャップが生じた後，どのように変化したかを示した模式図である。もともと，この森林はⅠのようにタイプAの樹木が優占していたが，Ⅱのように，台風の影響により倒木が生じて大きなギャップができた。その後，この部分ではタイプBの幼木の成長が見られ，数十年後，Ⅲのような状態になった。

タイプAとタイプBを比較すると，タイプBの幼木の方が， エ 。そしてこの後，この場所にギャップが生じることがなく数百年が経つと，一般的に オ で示したような状態になる。

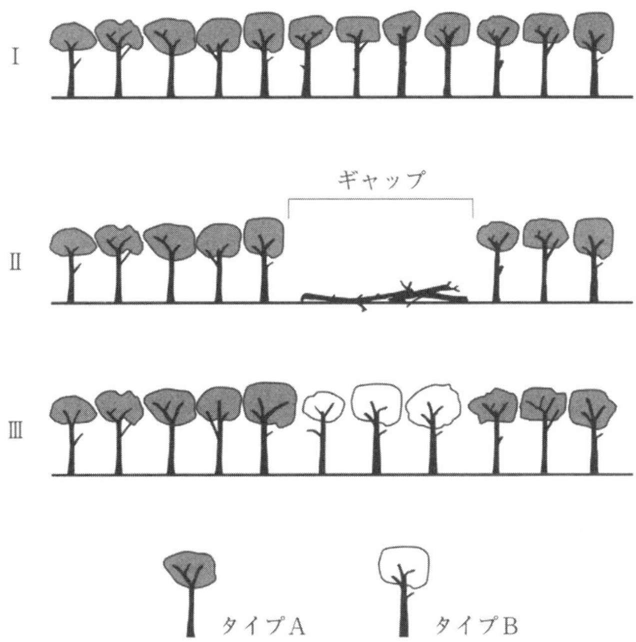

図 3

【 エ に入る記号】

a　日陰の環境でも成長できる

b　強い光のもとで速く成長できる

【 オ に入る記号】

c

元々ギャップだった部分からタイプBの樹木が広がり，全体でタイプBの樹木が優占する森林となる。

d

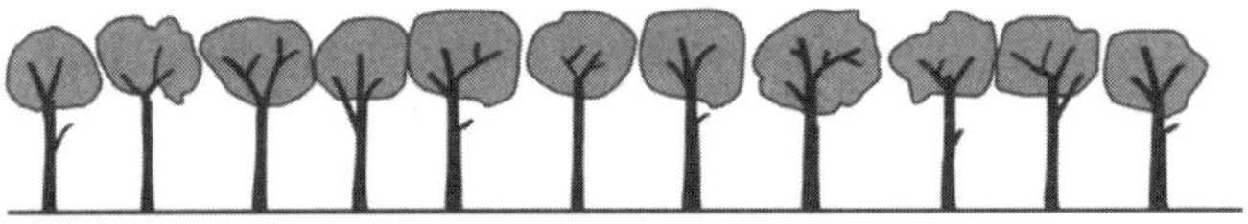

元々ギャップだった部分でもタイプAの樹木が成長し，タイプBの樹木と置き換わって全体にタイプAが優占する森林となる。

e

元々ギャップだった部分ではタイプBの樹木がそのまま残り，それ以外の部分ではタイプAの樹木が維持された森林となる。

	エ	オ
①	a	c
②	a	d
③	a	e
④	b	c
⑤	b	d
⑥	b	e

問 3　次の文章は，ある植物園を訪れた太郎と花子の会話である。文章中の空欄 カ と キ に入る語句の正しい組合せを，下の①～⑥のうちから一つ選べ。
解答番号は 16 。

太　郎：この植物園の温室は，「砂漠・サバンナの部屋」と「熱帯多雨林の部屋」の 2 つに分かれているね。今いる部屋には，サボテンの仲間がたくさんあるね。

花　子：そうね。サボテンの仲間は茎に水分を蓄えられるようになっていて，砂漠のような乾燥した場所でも生育できるのね。

太　郎：この温室には，アカシアの仲間もあるね。アカシアは，砂漠よりもやや降水量が多い，熱帯の雨季と乾季のある草原で見られる植物だね。そんな場所のバイオームは，サバンナと呼ばれているんだね。もう 1 つの部屋に移動してみよう。

花　子：こっちの部屋には，ヘゴのような木生シダがあるよ。これは，熱帯地方に分布している植物だね。

太　郎：それから，フタバガキもあるね。特に熱帯多雨林では年間を通して高温多湿で， カ 広葉樹の キ や，それに付いて生活する着生植物が見られるんだね。

	カ	キ
①	落　葉	地をはうような木本類
②	落　葉	水分が蒸発しにくい硬い葉をもつ木本類
③	落　葉	巨大な高木
④	常　緑	地をはうような木本類
⑤	常　緑	水分が蒸発しにくい硬い葉をもつ木本類
⑥	常　緑	巨大な高木

問 4　日本のバイオームの中で照葉樹林の分布域を示した最も適切な図を，次の①～④のうちから一つ選べ。ただし，図の黒い部分が照葉樹林の分布域を示しているものとする。
解答番号は 17 。

①

②

③

④

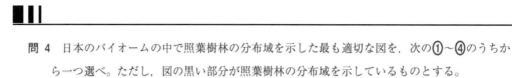

5 生態系とその保全について，**問１～問３**に答えよ。

問１ 次の文章は，食物連鎖について述べたものである。文章中の空欄 ア ～ ウ に入る語句の正しい組合せを，下の①～⑥のうちから一つ選べ。解答番号は 18 。

> 生態系を構成する生物は，食物連鎖でつながっており，各段階を栄養段階という。ある一定の面積当たりの生物の個体数を調べ，その生物が属する栄養段階でまとめると，図１のようなピラミッド状になる。Xは ア であり，例えば イ などの生物が当てはまる。生産者の個体数が大きく減ると，Xの個体数は ウ する。

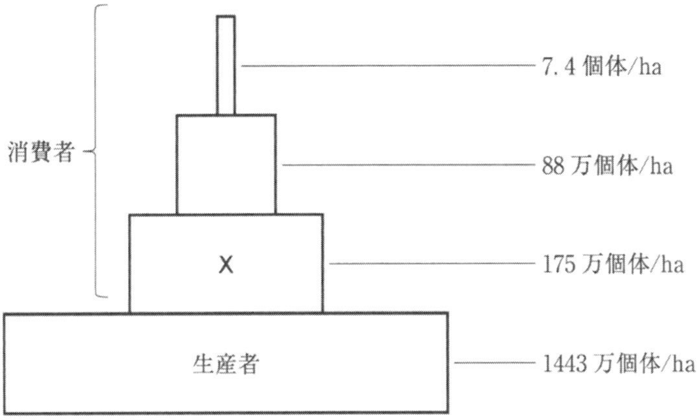

図１

	ア	イ	ウ
①	一次消費者	バッタ類	減　少
②	一次消費者	クモ類	減　少
③	一次消費者	クモ類	増　加
④	二次消費者	バッタ類	減　少
⑤	二次消費者	バッタ類	増　加
⑥	二次消費者	クモ類	増　加

問 2　生態系における窒素循環の一部について示した正しい模式図を，次の①～④のうちから一つ選べ。ただし，**実線の矢印**(──→)は**有機物**，**点線の矢印**(‐‐‐→)は**無機物**の移動を示している。なお，生物から放出された気体の窒素(N_2)は必ず大気中を移動するものとし，土壌中の様々な種類の細菌は「細菌類」としてまとめた。解答番号は **19** 。

①

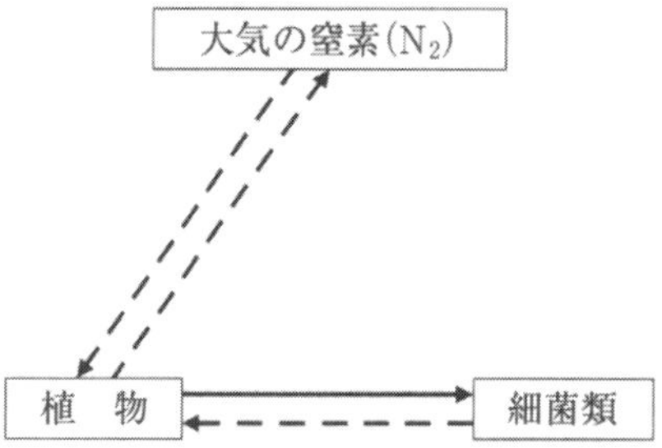

②

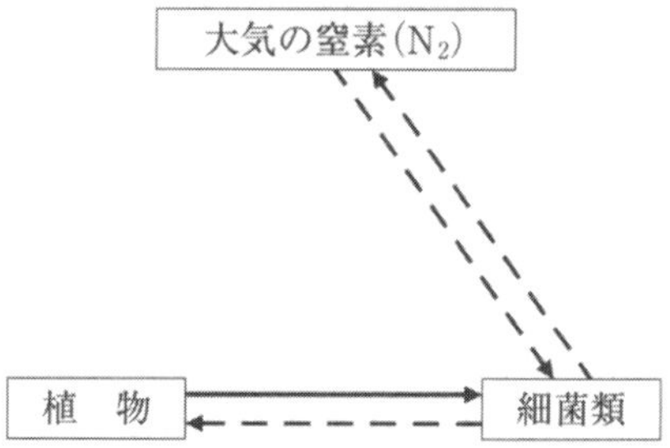

③

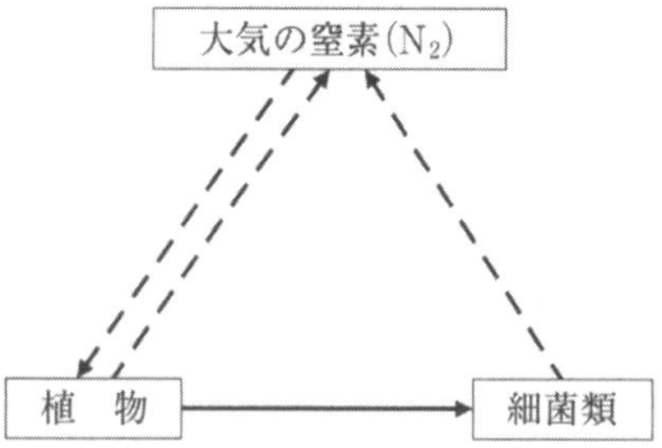

④

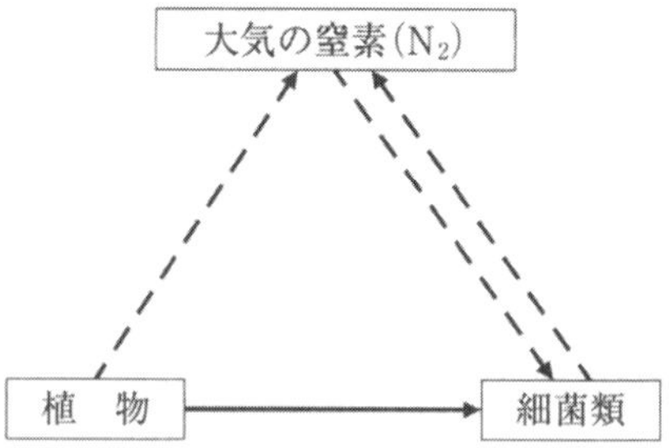

問 3 次の文章は，マングースがヤンバルクイナに与える影響について述べたものである。文章中の空欄 エ ～ カ に入る語句の正しい組合せを，次のページの①～⑥のうちから一つ選べ。解答番号は 20 。

沖縄県本島では， エ である哺乳類のマングースが，本島固有種である鳥類のヤンバルクイナを捕食しているため，ヤンバルクイナの保護の観点でマングースを毎年捕獲している。**図 2** に示すように，マングースは，捕獲数から考えると生息範囲が狭くなり，個体数は減少している。ヤンバルクイナは生息範囲が オ なり，個体数は カ している傾向が見られる。

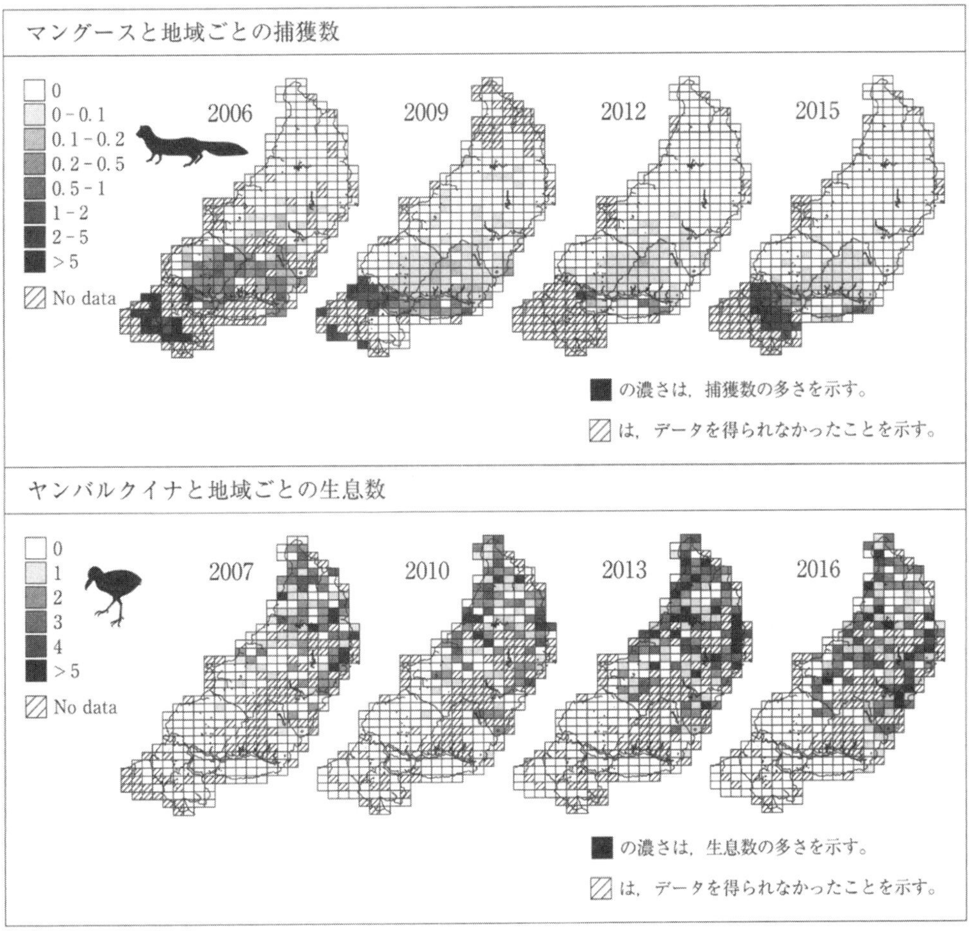

図 2

地図は沖縄県本島の北部を示している。
(T. Yagihashi 他 (2021) より作成)

	エ	オ	カ
①	絶滅危惧種	狭　く	減　少
②	絶滅危惧種	狭　く	増　加
③	絶滅危惧種	広　く	増　加
④	外来生物	狭　く	減　少
⑤	外来生物	広　く	増　加
⑥	外来生物	広　く	減　少

令和４年度　第１回

解答・解説

【重要度の表記】

Ａ：重要度が高く確実に正答したい設問。しっかり復習する必要のある問題です。

Ｂ：重要度はＡレベルよりすこし下で、やや難易度が高い設問または内容を読み取る設問。高得点を狙う人は復習しましょう！

Ｃ：重要度が低い、または難解な設問。軽く復習する程度でよいでしょう！

令和４年度 第１回　高卒認定試験

【解　答】

1	解答番号	正答	配点	2	解答番号	正答	配点	3	解答番号	正答	配点	4	解答番号	正答	配点	5	解答番号	正答	配点
問１	1	③	5	問１	5	③	5	問１	9	②	5	問１	14	④	5	問１	18	①	5
問２	2	④	5	問２	6	②	5	問２	10	⑤	5	問２	15	⑤	5	問２	19	②	5
問３	3	②	5	問３	7	④	5	問３	11	⑥	5	問３	16	⑥	5	問３	20	⑤	5
問４	4	③	5	問４	8	⑥	5	問４	12	①	5	問４	17	④	5	-	-		
-	-			-	-			問５	13	③	5	-	-			-	-		

【解　説】

1

問１　ビオトープとは、自然の水辺の生態系を人工的に再現し動植物が自然に近い状態で生息している場所のことです。小学校の校庭などにつくられ、教材として活用されています。ミドリムシは、体内に葉緑体をもっていて光合成を行うことができる微生物です。赤い目のような器官が体の先端にあります。２本のべん毛をもち動くことができます。ゾウリムシは、全体をせん毛で覆われています。中心に楕円上の大核があり、水分調節を行う収縮胞という星の形状をした器官をもっています。図１の生物は、せん毛・大核・収縮砲が見られることからゾウリムシだとわかります。図１の生物を観察した顕微鏡は光学顕微鏡です。光学顕微鏡で倍率を上げても見えない、図２の観察物に対しては電子顕微鏡で観察を行います。光学顕微鏡が光をレンズで拡大して観察するのに対して、電子顕微鏡は電子を観察物に当てて跳ね返った電子を捉えることで拡大像を得ることができます。また、図１のゾウリムシは真核生物で、図２の乳酸菌と図３の光合成を行うシアノバクテリアの一種であるイシクラゲ（ネンジュモ）は原核生物です。一般的に、細胞の大きさは、真核生物＞原核生物という大小関係があります。また、それぞれの図の右下に記載されているスケールバー（長さの単位表示）から、ゾウリムシ（約 400 μ m）＞イシクラゲ（約 60 μ m）＞乳酸菌（約 1.0 μ m）という大小関係があることがわかります。したがって、正解は③となります。

解答番号【１】：③　　⇒ **重要度Ｂ**

問２　オオカナダモは水草の一種です。光学顕微鏡で観察すると、動いている緑色の粒を観察することができます。細胞の中では細胞質中の葉緑体やミトコンドリアなどの細胞小器官が流れるように動いています。これにより、各器官で物質のやり取りなどを行うことができます。観察結果１は、この様子が記されています。観察結果２では、核を染色する酢酸カーミン溶液を使用すると細胞内の流れが止まる様子が記されています。これは酢酸カーミンによって細胞が死んでしまったためです。観察される緑色の粒は光合成が行われる場所である葉緑体です。オオカナダモと同じ植物細胞であるタマネギの表皮細胞では、核と細胞壁が確認できます。アメーバは、動物細胞のため、核は存在しますが細胞壁は存在しません。したがって、正解は④となります。

解答番号【2】: ④　　⇒ 重要度B

問3　図6にある矢印の向きに着目します。ミトコンドリア内の有機物を二酸化炭素と水に分解する際にエネルギーを取り出し、そのエネルギーから ADP にリン酸を1つ加えて ATP を合成することでエネルギーを蓄えます。また、ATP を ADP とリン酸に分解することによってエネルギーを取り出すことができます。よって、空欄カには「ATP」、空欄キには「ADP」が入ります。呼吸は、ミトコンドリア内でグルコースなどの有機物を分解してエネルギーを取り出す反応です。このときに生成される二酸化炭素が、血液とともに肺まで運ばれてヒトの呼気として体外に排出されます。一般的な呼吸は、ATP を生成するために酸素が必要です。よって、「呼吸に関する文」のBは誤りです。したがって、正解は②となります。

解答番号【3】: ②　　⇒ 重要度A

問4　シアノバクテリアは光合成を行う原核生物です。元になる原核生物の細胞内にシアノバクテリアの仲間が入り込んで葉緑体となったといわれています。そして、酸素を使い呼吸を行う原核生物が同様に入り込んでミトコンドリアになったといわれています。図7のFは、元になる生物が動物細胞つまり真核生物になっているため間違いです。図7のEは、元になる原核生物に酸素を使う細菌とシアノバクテリアの仲間が入り込んで植物細胞と動物細胞に進化する細胞内共生説の流れを表しています。したがって、正解は③となります。

解答番号【4】: ③　　⇒ 重要度A

2

問1　リン酸に糖（デオキシリボース）と塩基が結合した構造をヌクレオチドといいます。①は塩基対、②は糖と塩基、④は塩基と糖、⑤は糖とリン酸が囲まれています。③はリン酸と糖と塩基が囲まれていますので、これがヌクレオチドの1つを囲んだものになります。したがって、正解は③となります。

解答番号【5】: ③　　⇒ 重要度A

問2　①について、表1を用いて、ヒトとシロイヌナズナを比べてみます。ヒトのゲノムの塩基対数は約30億で、シロイヌナズナのゲノムの塩基対数は約1億4000万です。つまり、ヒトのゲノムの塩基対数は、シロイヌナズナのおよそ30倍です。これに対し、ヒトの遺伝子数は約2万2000個で、シロイヌナズナの遺伝子数は2万7000個と比較的近い値です。よって、「ゲノムの塩基対数が多い生物ほど遺伝子数が多い」とある①は誤りです。②について、ゲノムの塩基対数から1つの遺伝子の平均的な大きさを算出することは、遺伝子としてはたらかない塩基対が含まれるためできません。よって、②は正しいです。③について、表1のニワトリの行を見ると、ゲノムの塩基対数が約10億7000万であるのに対して、遺伝子数は約1万5000です。つまり、ゲノム塩基対数は遺伝子数のおよそ

10万倍あることになります。よって、③は誤りです。④について、すべての細胞にゲノムの全塩基対が同等に含まれていることから、遺伝子数やゲノムの塩基対数に基づいて細胞数を算出することはできません。よって、④は誤りです。したがって、正解は②となります。

解答番号【6】：②　　⇒**重要度A**

問３　細胞周期の中で、元のDNAと同じ塩基配列をもつDNAが合成される期間はS期です。よって、空欄アには「S期」が入ります。G_1期はDNA合成準備期です。細胞周期とは１つの細胞が２つに分裂する期間のことですから、細胞周期が１周する時間の長さは、細胞の数が２倍になる時間を調べることによって得られます。細胞が分裂するタイミングが揃っていない多数の細胞でも、それらの細胞の数が２倍になるまでの時間を１細胞周期とすることができます。よって、空欄イには「２」が入ります。したがって正解は④となります。

解答番号【7】：④　　⇒**重要度A**

問４　ユスリカの幼虫のだ腺には巨大な染色体が存在します。この染色体はだ腺染色体といい、ところどころにパフと呼ばれる膨らみが観察できます。パフでは、核中で折りたたまれて凝縮されている染色体がほどけて、染色体上の遺伝子をRNAが読み取っているため、RNAがほかの部分より多く存在しています。つまり、DNAの遺伝情報をRNAが読み取る転写が盛んに行われています。パフの位置はRNAが読み取る遺伝子の位置を反映しています。したがって、正解は⑥となります。

解答番号【8】：⑥　　⇒**重要度A**

3

問１　肺胞では、肺呼吸により体外の気体の出入りを行うため、酸素濃度が高く、二酸化炭素濃度が低くなります。筋肉では、細胞呼吸により酸素を使いエネルギーを取り出して活動に利用するため、酸素濃度は低く、二酸化炭素濃度が高くなります。動脈血とは、酸素濃度の高い肺から戻ってきた血液のことです。動脈血は、肺から肺静脈を通って心臓に戻り、c（左心房）とd（左心室）を通って大動脈を経て全身へ流れ出します。したがって、正解は②となります。

解答番号【9】：②　　⇒**重要度B**

問２　腎臓の糸球体とボーマンのうを腎小体と呼びます。腎単位（ネフロン）とは、腎小体と細尿管と毛細血管の構造単位のことを指します。細尿管から毛細血管にすべて再吸収されるのはグルコースです。グリコーゲンは、肝臓でグルコースを貯蔵するときにグルコースを合成したものです。腎臓の集合管で尿量（水の再吸収）を調節するのは、脳下垂体から分泌されるバソプレシンというホルモンです。副腎皮質から分泌される鉱質コルチコイドは、尿の無機塩類の量を調整します。したがって、正解は⑤となります。

解答番号【10】：⑤　　⇒**重要度A**

問３　ヒトの血糖値は、空腹時には血液100mL中に100mg前後とほぼ一定に保たれています。これが60mg以下になると、けいれんや意識喪失などの症状が現れます。逆に高血糖の状態が続くと、毛細血管などを損傷し、さまざまな症状が現れます。これが糖尿病です。Ⅰ型糖尿病は、血糖値を下げるインスリンを分泌するすい臓のランゲルハンス島のB細胞が破壊されることによって罹患します。そのため、食事をしてもインスリンの濃度は上昇しません。図３のグラフBは、食後に血糖値は上昇するものの、インスリンの分泌量は上昇しません。よって、Ⅰ型糖尿病の人のグラフはBとなります。Ⅱ型糖尿病は、インスリンが分泌されても標的器官である肝臓がそれに反応できないため、インスリン濃度が上昇しても血糖が下がりません。図３のグラフAは、食事と同時にインスリンの分泌量が上昇していますが、血糖値はほぼ高い値で一定を保っています。よって、Ⅱ型糖尿病のグラフはAとなります。健康な人は、食事をすると血糖値が上がりますが、すぐにインスリンの分泌量が上昇して血糖値が下がっていきます。図３のグラフCは、インスリンの分泌量が上昇したのち血糖値は下がっていきます。よって､健康な人のグラフはCとなります。したがって、正解は⑥となります。

解答番号【11】：⑥　　⇒ 重要度B

問４　獲得免疫の分類分けに関する問題です。獲得免疫においては、まず樹状細胞が抗原を認識して、ヘルパーT細胞を介して体液性免疫や細胞性免疫を活性化させます。体液性免疫においては、抗体を多数分泌する抗体産生細胞にB細胞が分化して抗体を生産し、その抗体を抗原に結合させて、抗原抗体反応により病原体の増殖と細胞への感染を防ぎます。細胞性免疫においては、細胞に侵入した細菌やウイルスを（キラー）T細胞が直接攻撃し排除します。体液性免疫で増殖したB細胞や細胞性免疫で増殖した（キラー）T細胞は、一部が記憶細胞として体内に残ります。①の模式図は、樹状細胞・T細胞・(免疫) 記憶細胞が体液性免疫と細胞性免疫に共通し、抗体産生細胞は体液性免疫にのみ含まれていることを表しています。②の模試図は、細胞性免疫に抗体産生細胞が含まれているので誤りです。③の模式図は、体液性免疫にのみ（免疫）記憶細胞が含まれているので誤りです。④の模式図は、細胞性免疫にのみ（免疫）記憶細胞が含まれているので誤りです。(免疫) 記憶細胞は両免疫に共通のものです。したがって、正解は①となります。

解答番号【12】：①　　⇒ 重要度A

問５　生物の体内では、体液の塩類濃度が調整されています。3.5％の食塩水の中にアカガイの血液を入れると、円盤状の血球が見られたことより、この濃度がアカガイの体液濃度に近いことがわかります。この円盤状の血球は赤血球です。次に、アカガイの体液濃度より高い 10％食塩水にアカガイの血液を入れると、血球内と食塩水側の濃度が同じになろうとして血球中の水分が食塩水側に移動します。食塩水の食塩は、血球中に移動しようとしますが、血球の膜を通過することができません。そのため、血球中の水分だけが流れ出て血球はしぼんでいきます。よって、空欄コには「小さく」が入ります。また、アカガイの体液濃度より低い蒸留水に血液を入れると、濃度を一定に保とうと蒸留水の水が血球内に移動します。血球中の塩類は蒸留水側に移動できません。これにより、血球中が水分で膨れ上がり壊れて破裂してしまいます。よって、空欄サには「大きくなりすぎて壊れて」が入ります。したがって、正解は③となります。

解答番号【13】：③　　⇒ 重要度B

4

問１　森林は、植物の高さにより高木層・亜高木層・低木層・草本層に区分けできます。図１は主に高木層・亜高木層からなる森林で、図２は主に高木層からなる森林であるということがわかります。階層構造が複雑なほうが下層への光の透過が妨げられるので、図２よりも図１の森林の林床のほうが暗くなります。会話文の３行目と５行目に、森林Ｘの林床の光の強さは５％、森林Ｙの林床の光の強さは30％とありますので、森林Ｙより森林Ｘの林床のほうが暗いことがわかります。よって、図１は森林Ｘ、図２は森林Ｙとなります。したがって、正解は④となります。

解答番号【14】：④　⇒ 重要度Ａ

問２　森林にギャップができると林床に強い光が届くようになります。極相の森林の林床は暗く日光が届きにくいため、陽樹の幼木が育つことができず、陰樹を主体とした森林となります。しかし、ギャップにより林床に光が届くようになると陽樹の幼木が成長できるようになります。図３のⅠは森林の極相林ですので、タイプＡは陰樹となります。また、ギャップの形成によりタイプＢの幼木の成長が見られたことから、タイプＢは陽樹となります。よって、タイプＡとタイプＢを比較すると、タイプＢの幼木のほうが、強い光のもとで速く成長できることがわかります。また、このギャップも数百年と年月が経つと、森林の遷移の過程をたどり、日陰の環境でも成長できるタイプＡの陰樹が成長し、タイプＢの陽樹と置き換わって陰樹が優占する森林ｄの状態となります。したがって、正解は⑤となります。

解答番号【15】：⑤　⇒ 重要度Ａ

問３　赤道に近い高温多雨の熱帯多雨林では、植物が一年を通じてよく生育します。気温の低下や乾季がないため、樹木は葉を落とす必要がなく、常緑広葉樹が優占する樹木からなります。落葉樹は、乾季や気温の低下など厳しい環境におかれた樹木に見られます。熱帯多雨林では、一年中十分な光合成ができるため植物がよく成長し、樹高50mを超す巨大な高木が優占します。森林の階層構造が複雑で種類も多く、多種の生物が生息しています。水分が蒸発しにくい硬い葉をもつ木本類とは、オリーブやゲッケイジュなどの硬葉樹です。地をはうような木本類とは、豪雪や強風に耐えうる木本類ですので、熱帯雨林の植物ではありません。したがって、正解は⑥となります。

解答番号【16】：⑥　⇒ 重要度Ａ

問４　冬が比較的温暖で夏に降水量が多い地域に照葉樹林は分布しています。冬に気温が下がらない地域に生息するので葉を落とす必要がなく、常緑広葉樹が優占しています。①は、東北のほとんどの地域、北海道の大半を黒い部分が占めています。これは冬に落葉することで寒さに適用する落葉広葉樹が占める夏緑樹林の分布と考えられます。②は、北海道の大部分を黒い部分が占めています。北海道は、東北部が針葉樹林、南部が夏緑樹林という分布なので、正しい日本のバイオームではありません。③は、九州南端から沖縄まで黒い部分が占めていますが、この地域は高温湿潤な地域のため亜熱帯多雨林です。よって、照葉樹林を示している分布は④です。したがって、正解は④となります。

解答番号【17】：④　⇒ 重要度Ｂ

5

問１　生産者とは、太陽の光エネルギーを使って無機物である二酸化炭素と水から有機物をつくりだす生物のことをいいます。生産者（植物）のつくった有機物を直接栄養分として利用する生物を一次消費者（動物）といいます。図１の生産者の栄養段階の上に乗るのは一次消費者です。バッタ類が草食動物、クモ類は肉食動物です。よって、Ｘにはバッタ類が入ります。草類である生産者の個体数が減ると、草類を摂食する一次消費者の個体数は食物がなくなるため減少します。したがって、正解は①となります。

解答番号【18】：①　　⇒ **重要度Ａ**

問２　窒素 N_2 は空気中の約８割を占めています。タンパク質や核酸の構成成分であるため生物にとって必要不可欠なものです。しかし、大気中の窒素を生態系内に取り込むことができるのは、窒素固定細菌のみです。窒素固定細菌によって取り込まれた窒素は生態系内を巡回し、脱窒素細菌によって大気中に放出されます。つまり、窒素が生態系内へ出入りする際には細菌のはたらきが必要不可欠です。大気中の窒素と細菌類の間に矢印があり、大気中の窒素と植物の間に矢印がない②が、正しい模式図となります。したがって、正解は②となります。

解答番号【19】：②　　⇒ **重要度Ａ**

問３　マングースは南アジアに生息する哺乳類です。沖縄に生息する猛毒をもつハブを駆除するため、1910 年頃にバングラディッシュより沖縄に連れてこられました。よって、マングースは外来種です。しかし、マングースはハブだけを捕食するのではなく、ヤンバルクイナなどの沖縄本島に生息する在来種を捕食するようになりました。そのため、外来種であるマングースを毎年駆除しています。こうしたことから、マングースに捕食されていたヤンバルクイナが生息する範囲は以前よりも広くなり、個体数が増加しています。また、図２の下のヤンバルクイナの地域ごとの生息数からもこのことがわかります。したがって、正解は⑤です。なお、絶滅危惧種とは、トキやアホウドリなど絶滅の恐れが極端に高い生物種のことをいいます。

解答番号【20】：⑤　　⇒ **重要度Ａ**

令和３年度 第２回
高卒認定試験

生物基礎

解答時間　50分

注　意　事　項（抜粋）

＊　試験開始の合図前に，監督者の指示に従って，解答用紙の該当欄に以下の内容をそれぞれ正しく記入し，マークすること。

①**氏名欄**

氏名を記入すること。

②**受験番号**，③**生年月日**，④**受験地欄**

受験番号，**生年月日を記入**し，さらにマーク欄に**受験番号**（数字），**生年月日**（年号・数字），**受験地をマーク**すること。

＊　**受験番号，生年月日，受験地が正しくマークされていない場合は，採点できないことがある。**

＊　解答は，解答用紙の解答欄にマークすること。例えば，［10］と表示のある解答番号に対して②と解答する場合は，次の(例)のように**解答番号 10 の解答欄**の②に**マーク**すること。

（例）

解答番号	解　答　欄
10	① ● ③ ④ ⑤ ⑥ ⑦ ⑧ ⑨ ⓪

生 物 基 礎

（解答番号 1 ～ 20 ）

1 生物の特徴について，問1～問4に答えよ。

問1 次の**表1**は，生物のDNA，葉緑体及び細胞壁の有無を示したものである。**表1**中の空欄 ア ～ ウ に入る記号の正しい組合せを，下の①～⑤のうちから一つ選べ。解答番号は 1 。

表1

	真核生物（植物細胞）	原核生物
DNA	ア	＋
葉緑体	＋	イ
細胞壁	ウ	＋

＋は存在すること，－は存在しないことを示している。

	ア	イ	ウ
①	＋	＋	＋
②	＋	－	＋
③	＋	－	－
④	－	＋	＋
⑤	－	＋	－

■ II

問 2　次の文章は，ATP と ADP の構造についての太郎と花子の会話を記したものである。文章中の空欄 エ ～ カ に入る語句の正しい組合せを，下の①～④のうちから一つ選べ。解答番号は 2 。

花　子：今日の授業は ATP と ADP の構造を学習する予定だけど，予習してきたよね。

太　郎：教科書を読んでみて，ATP の「P」はリン酸を表していることは分かったけど，「A」や「T」は何を表しているか分からなかったんだ。

花　子：ATP の構造の模式図(図 1)を見ながら説明するね。

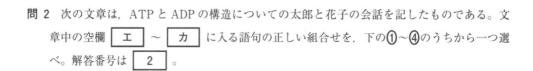

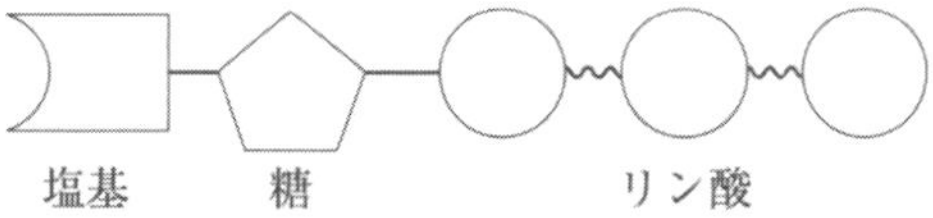

図 1

花　子：ATP は塩基と糖とリン酸から構成されていて，塩基は「 エ 」で，糖はリボースだよ。ATP の「A」はこの塩基と糖の 2 つが結合した オ を表しているのよ。

太　郎：そうだったね。それでは「T」は何を表しているんだっけ。

花　子：「T」は 3 という数字を表しているのよ。

太　郎：なるほど，図 1 より，「T」はリン酸の数を表していたのか。そうすると ADP の「D」はリン酸が「 カ 」あることを表すんだね。

	エ	オ	カ
①	アデノシン	アデニン	1 つ
②	アデノシン	アデニン	2 つ
③	アデニン	アデノシン	1 つ
④	アデニン	アデノシン	2 つ

問 3 次の文章は，酵素に関する実験を計画したものである。どのような実験結果が得られれば，ゼラチンが分解されるおよその時間を知ることができるか。試験管A～試験管Cの実験結果の正しい組合せを，下の①～④のうちから一つ選べ。ただし，＋は固まったことを，－は固まらなかったことを示す。解答番号は 3 。

ゼラチンはお湯に溶け，溶液になる(ゼラチン溶液)。冷やすとゼリー状に固まる。また，ゼラチンはタンパク質なので，タンパク質を分解する酵素であるペプシンによって分解される。ゼラチンが分解されると，冷やしてもゼリー状に固まらない。

【目　的】 ゼラチンが分解されるおよその時間を調べる。

【方　法】 (1) ゼラチンをお湯に溶かし，ある濃度のゼラチン溶液を作製する。

(2) 40 ℃ に保温しながら，ある濃度のペプシン溶液を一定量加え，すばやく混ぜる(**図2**)。

(3) ペプシン溶液を混ぜてすぐ(0秒後)に，ペプシンを加えたゼラチン溶液 3 mL を試験管に入れて，氷水で冷やす。これを試験管**A**とし，ゼラチンの状態を調べる(**図3**)。

(4) ペプシン溶液を混ぜて 30 秒後に，ペプシンを加えたゼラチン溶液 3 mL を試験管に入れて，氷水で冷やす。これを試験管**B**とし，ゼラチンの状態を調べる。

(5) (4)と同じ操作を 60 秒後にも行う。これを試験管**C**とし，ゼラチンの状態を調べる。

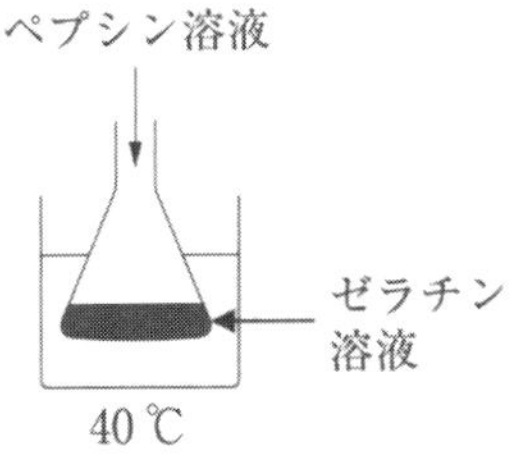

図2

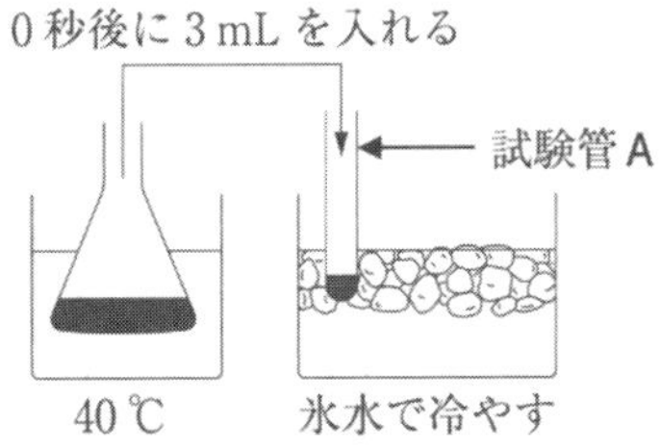

図3

	試験管A	試験管B	試験管C
①	＋	＋	＋
②	＋	＋または－	－
③	－	＋または－	＋
④	－	－	＋

問 4 次の文章は，細胞小器官についての太郎と花子の会話を記したものである。文章中の空欄 キ ～ ケ に入る語句の正しい組合せを，下の①～⑥のうちから一つ選べ。
解答番号は 4 。

花　子：今日は，細胞小器官の起源について学習したね。
太　郎：ミトコンドリアは， キ が他の単細胞生物に取り込まれて ク するようになったと考えられていたね。
花　子：ミトコンドリアは，前にも学習していた気がするよ。
太　郎：細胞の呼吸に関わる細胞小器官として学習したよ。呼吸では，酸素を用いて ケ を分解することで，エネルギーを獲得していたね。

	キ	ク	ケ
①	シアノバクテリア	同　化	無機物
②	シアノバクテリア	同　化	有機物
③	シアノバクテリア	共　生	有機物
④	好気性細菌	同　化	無機物
⑤	好気性細菌	共　生	無機物
⑥	好気性細菌	共　生	有機物

2 遺伝子とその働きについて，**問1～問4**に答えよ。

問1 次の文章は，血液に関係がある細胞についての太郎と花子の会話を記したものである。この会話を参考に，DNAを持たない細胞として正しいものを，下の①～④のうちから一つ選べ。解答番号は **5** 。

> 太　郎：生物の共通性としてDNAを持つことを習ったけど，全ての細胞がDNAを持つのかな。
>
> 花　子：DNAは遺伝情報だから，分裂する細胞はDNAを持つと言えるわね。
>
> 太　郎：ヒトの血液に含まれる血球成分について考えてみよう。血球成分は(a)造血幹細胞という骨髄にある細胞が元になり，分裂・分化してできたものだったね。
>
> 花　子：造血幹細胞が分裂を続けることで，血球がつくられ続けるんだったわね。
>
> 太　郎：ヒトの血球成分のうち，(b)赤血球が分化する時，核は細胞の外に放出されると習ったね。(c)白血球は分化する時，核は細胞の外に放出されないんだったね。血小板は，(d)巨核球という巨大な核を持つ細胞の細胞質部分がちぎれてできたものだよね。
>
> 花　子：このように考えてみると，これらの細胞の中にはDNAを持たない細胞があることが分かるわね。

① (a)造血幹細胞
② (b)赤血球
③ (c)白血球
④ (d)巨核球

問 2　次の図1は，体細胞分裂の細胞周期の過程を示したものである。図中e～gのうちS期を示す記号と，分裂期の細胞1つ当たりのDNA量を1とした時の細胞1つ当たりのG_1期のDNA量の正しい組合せを，下の①～⑥のうちから一つ選べ。解答番号は［ 6 ］。

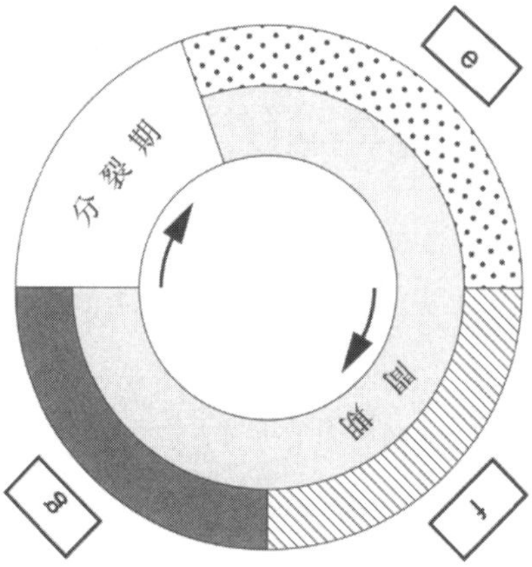

図1

	S期を示す記号	G_1期のDNA量
①	e	0.5
②	e	1
③	f	0.5
④	f	1
⑤	g	1
⑥	g	2

問 3 転写または翻訳について述べた文**ア**～**エ**のうち，**翻訳**について述べた文の正しい組合せを，下の①～④のうちから一つ選べ。解答番号は [7] 。

ア アミノ酸が次々に結合し，連なる。

イ DNA の一方の鎖の塩基配列を写し取った mRNA が合成される。

ウ アミノ酸が mRNA の塩基配列に指定された通りに並べられる。

エ DNA の二重らせんの一部がほどける。

① ア，イ
② ア，ウ
③ イ，エ
④ ウ，エ

問 4　動物の体を構成する細胞には多くの種類がある。だ腺の細胞では，アミラーゼの遺伝子が発現してアミラーゼがつくられている。すい臓の細胞では，インスリンの遺伝子が発現してインスリンがつくられている。だ腺の細胞及びすい臓の細胞に存在している遺伝子の有無の正しい組合せを，次の①～⑤のうちから一つ選べ。ただし，＋は遺伝子が存在することを，－は遺伝子が存在しないことを示している。解答番号は 8 。

①

	アミラーゼの遺伝子	インスリンの遺伝子
だ腺の細胞	＋	＋
すい臓の細胞	＋	＋

②

	アミラーゼの遺伝子	インスリンの遺伝子
だ腺の細胞	－	＋
すい臓の細胞	＋	＋

③

	アミラーゼの遺伝子	インスリンの遺伝子
だ腺の細胞	＋	－
すい臓の細胞	＋	＋

④

	アミラーゼの遺伝子	インスリンの遺伝子
だ腺の細胞	＋	＋
すい臓の細胞	－	＋

⑤

	アミラーゼの遺伝子	インスリンの遺伝子
だ腺の細胞	＋	－
すい臓の細胞	－	＋

3 体内環境と恒常性について，**問1～問5**に答えよ。

問1 次の文章は，ヒトの血液について述べたものである。文章中の空欄 ア と イ に入る語句の正しい組合せを，下の①～④のうちから一つ選べ。解答番号は 9 。

体液は全身の細胞が生きていけるように様々な役割を果たしている。体液の1つである血液は赤色である。それは，血液中の赤血球に赤い色の物質 ア が含まれているからである。 ア には鉄が含まれる。**図1**は，血球を顕微鏡で観察した時の様子である。血液中の赤血球に比べて イ の細胞数はおよそ1000分の1である。 イ は免疫に関係する細胞である。

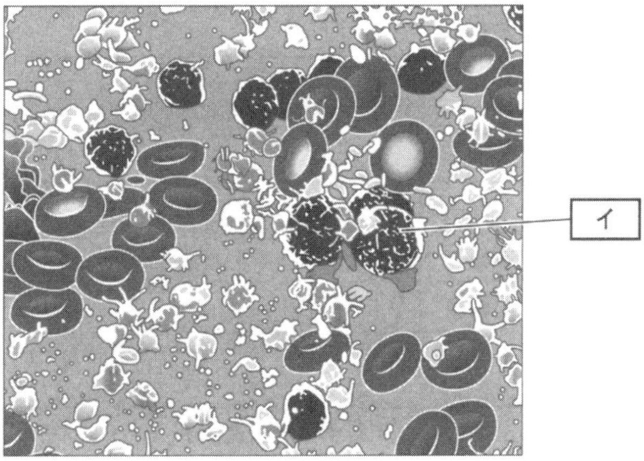

図1

	ア	イ
①	フィブリン	白血球
②	フィブリン	血しょう
③	ヘモグロビン	血しょう
④	ヘモグロビン	白血球

問 2　次の文章は，肝臓についての太郎と花子の会話を記したものである。文章中の空欄 ウ ～ オ に入る語句の正しい組合せを，下の①～⑥のうちから一つ選べ。解答番号は 10 。

太　郎：小説を読んでいたら「肝腎要(かんじんかなめ)の○○」という言い回しが出てきたんだ。文脈から判断して「重要な」ということのようだったんだけど，語源は何なのだろう。

花　子：「要」は扇の板を留めているパーツのことだね。「肝腎」は肝臓と腎臓のことだよ。いずれもなくてはならない大切なものだよね。

太　郎：スーパーマーケットで売られているレバーって肝臓のことだよね。ヒトでは体内のどこにあるのかな。

花　子：横隔膜の下のあたりにあるよ。

太　郎：小腸で吸収された栄養素を含む血液は ウ を通って肝臓に流れ込んでいたね。

花　子：肝臓は エ の合成をしていて，さらに， オ の分解をしていると習ったね。肝臓はやっぱり大事なものなんだ。いたわりながら暮らさないといけないね。

	ウ	エ	オ
①	肝動脈	アンモニア	アルコール
②	肝動脈	尿　素	胆　汁
③	肝動脈	アンモニア	胆　汁
④	肝門脈	尿　素	アルコール
⑤	肝門脈	尿　素	胆　汁
⑥	肝門脈	アンモニア	アルコール

問 3　次の**図 2** は，チロキシンの分泌の流れについて示したものである。これと関連して，チロキシン分泌のフィードバックについて述べた正しい文を，下の①～⑤のうちから一つ選べ。解答番号は **11** 。

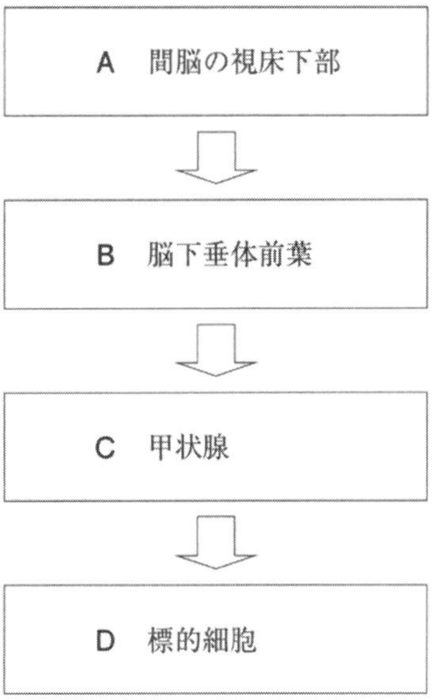

図 2

① Aから甲状腺刺激ホルモンが分泌され，Bが刺激される。
② Bから甲状腺刺激ホルモンが分泌され，Cが刺激される。
③ Aからチロキシンが分泌され，直接Dが刺激される。
④ Cからチロキシンが分泌され，AやBの働きを調節する。
⑤ Cからチロキシンが分泌され，直接Dが刺激される。

問 4　次の文章は，心臓の働きについての太郎と花子の会話を記したものである。文章中の空欄 カ ～ ク に入る語句の正しい組合せを，下の①～⑥のうちから一つ選べ。解答番号は 12 。

太　郎：テレビで「動悸（どうき）がする」と聞いたけど，動悸って何なのかな。
花　子：安静にしていて，驚いたわけでもない時に，突然心臓がドキドキすることみたいね。動悸には様々な理由があるといわれているけど，内分泌腺から放出される カ のバランスが変わることも原因と考えられているわ。
太　郎：そうなんだ。走った後や，発表会の前もドキドキするね。心臓の拍動はいつも一定ではないよね。
花　子：そういえば，心臓の拍動を速くするのは キ だと習ったね。
太　郎： キ は， ク 時によく働くものだったね。

	カ	キ	ク
①	ホルモン	交感神経	活　動
②	ホルモン	交感神経	安　静
③	ホルモン	副交感神経	安　静
④	ランゲルハンス島	交感神経	活　動
⑤	ランゲルハンス島	副交感神経	活　動
⑥	ランゲルハンス島	副交感神経	安　静

問 5 次の文章は，免疫に関する実験について述べたものである。文章中の空欄 ケ と コ に入る語句の正しい組合せを，次のページの①～④のうちから一つ選べ。
解答番号は 13 。

系統の異なるマウスを用いて，以下の【実験１】と【実験２】を行った。

【実験１】

ある系統のマウス（X系統）の皮膚を同じX系統のマウスに移植したところ，移植片は定着した。しかし，別の系統のマウス（Y系統）に移植したところ，移植片は10日目に脱落した（図3）。

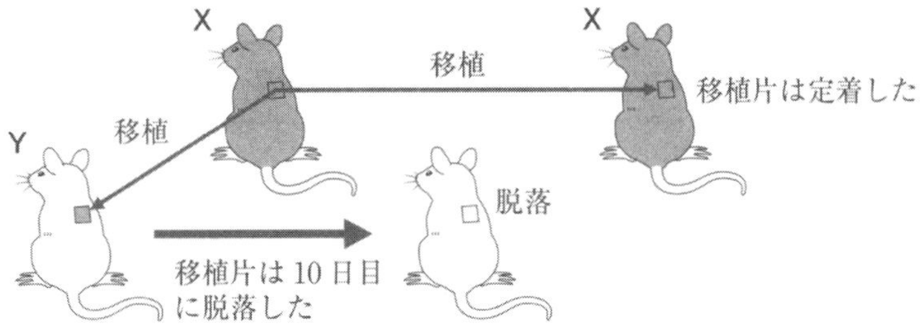

図3

【実験２】

X系統のマウスの皮膚を，一度X系統の皮膚を移植しているY系統の個体に再び移植した。すると，移植片は5日目に脱落した（図4）。

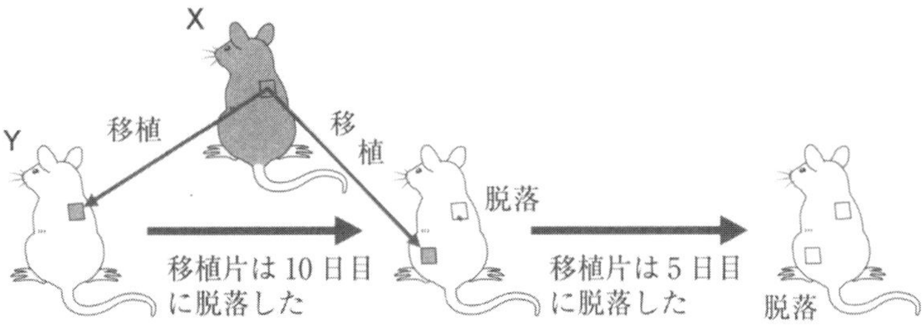

図4

【実験１】と【実験２】で，移植片を直接攻撃した細胞は ケ である。また，【実験１】より【実験２】の方が脱落するまでの日数が短かったのは コ が働いたためである。

	ケ	コ
①	T 細胞	記憶細胞
②	T 細胞	マクロファージ
③	B 細胞	記憶細胞
④	B 細胞	マクロファージ

4 植生の多様性と分布について，**問1～問4**に答えよ。

問 1 次の文章は，森林の内部の構造について述べたものである。文章中の空欄 ア ～ ウ に入る語句の正しい組合せを，下の①～⑥のうちから一つ選べ。
解答番号は 14 。

図1は，森林の内部の構造を示している。この構造を ア という。森林の最も高いところに葉が連なっている**図1**中の**A**の部分を イ という。

図2は，森林内部の地上からの高さと光の強さの関係を表したグラフである。光は森林内部のそれぞれの層に吸収または反射される。そのため，森林内部の地表層に近い部分まで届く光の割合は，**A**の部分の光の強さと比べて ウ 。

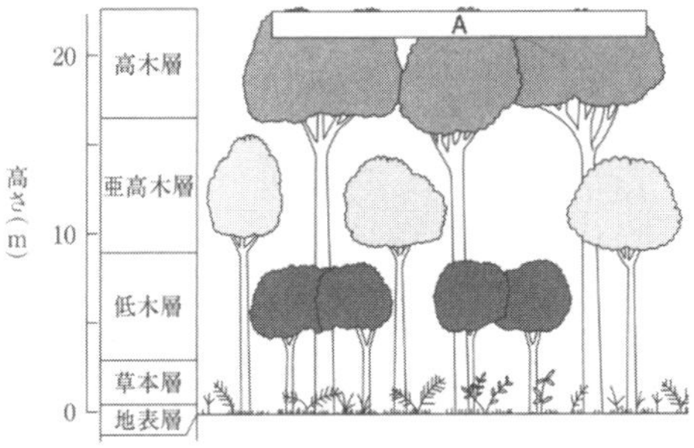

図1

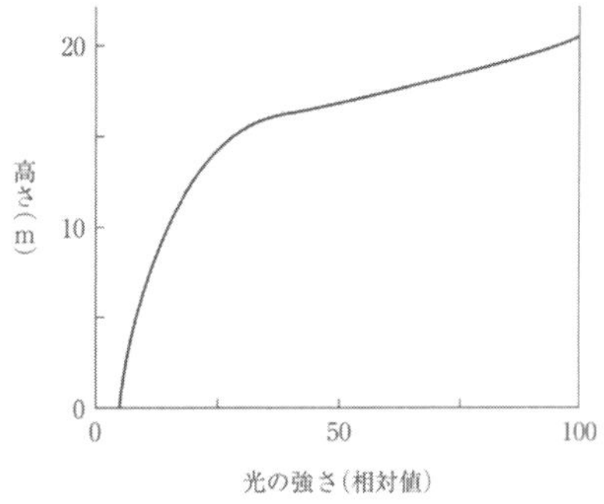

図2

	ア	イ	ウ
①	階層構造	林　床	数%まで減少する
②	階層構造	林　床	同程度である
③	階層構造	林　冠	数%まで減少する
④	ギャップ	林　床	同程度である
⑤	ギャップ	林　冠	同程度である
⑥	ギャップ	林　冠	数%まで減少する

問 2 次の文章は，世界のバイオームについて述べたものである。文章中の空欄 エ と オ に入る語句の正しい組合せを，下の①～④のうちから一つ選べ。
解答番号は 15 。

バイオームとは エ の生物集団である。バイオームは植生に基づいて分類され，その分布は，年平均気温と年降水量で決まる。**図 3** は，年平均気温と年降水量と陸上の主なバイオームの関係を表している。

年平均気温が 6.8 ℃，年降水量が 1063 mm である場合，バイオームは，**図 3** より オ であることが推測できる。

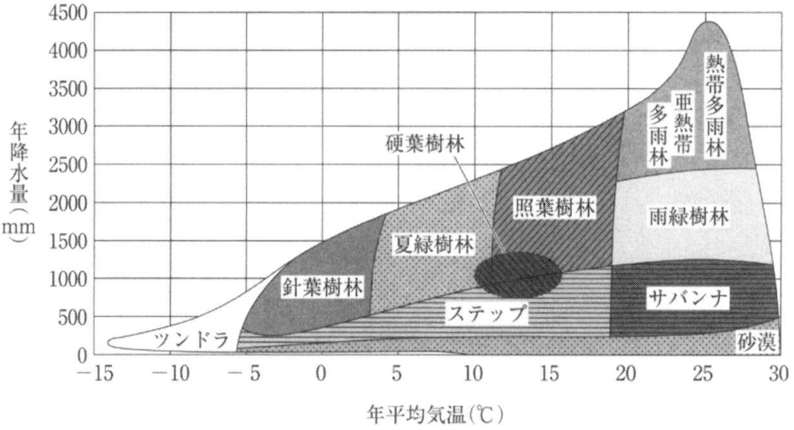

図 3

	エ	オ
①	植生のみ	針葉樹林
②	植生のみ	夏緑樹林
③	植生と，そこに生息する動物や微生物などの全て	針葉樹林
④	植生と，そこに生息する動物や微生物などの全て	夏緑樹林

問 3　次の文章は，花子が日本のバイオームについて発表した時のものである。文章中の空欄 カ ～ ケ に入る語句の正しい組合せを，下の①～⑥のうちから一つ選べ。
解答番号は 16 。

今日は，日本のバイオームについて発表します。

バイオームの分布は年平均気温と年降水量で決まります。日本では，森林が成り立つのに十分な カ があるので， キ によってバイオームの分布が決まります。平地では，緯度が上がるほど キ が低下することから，バイオームは緯度に従って変化します。このように，緯度に対応したバイオームの分布を ク といいます。

ある地域の緯度が36°，経度が140°の場合，**図 4** を見ると，バイオームは照葉樹林であることが分かります。照葉樹林のバイオームでは， ケ などの照葉樹が優占します。

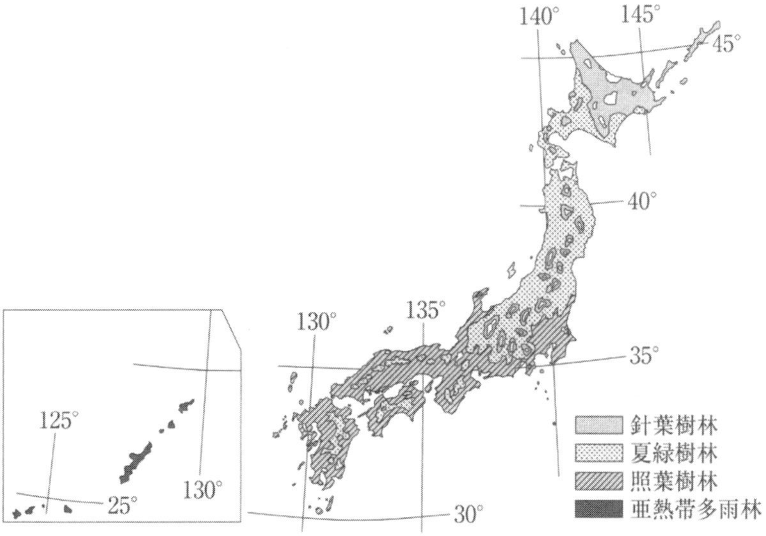

図 4

	カ	キ	ク	ケ
①	年降水量	年平均気温	垂直分布	スダジイ，タブノキ
②	年降水量	年平均気温	垂直分布	ブナ，ミズナラ
③	年降水量	年平均気温	水平分布	スダジイ，タブノキ
④	年平均気温	年降水量	水平分布	スダジイ，タブノキ
⑤	年平均気温	年降水量	水平分布	ブナ，ミズナラ
⑥	年平均気温	年降水量	垂直分布	ブナ，ミズナラ

問4　次の文章は，里山についての太郎と花子の会話を記したものである。文章中の空欄 コ と サ に入る語句の正しい組合せを，下の①～④のうちから一つ選べ。解答番号は 17 。

太　郎：最近，自分の家の近くで，里山の保全のボランティアを始めたんだ。雑木林の下草刈りや落ち葉集め，木の伐採の手伝いをしているよ。里山は多くの動物や鳥，カブトムシなどの昆虫がいるよ(図5)。

花　子：里山には，自然が多く残されているね。

太　郎：僕らの住んでいる地域のバイオームは照葉樹林だよ。里山の樹木は，コナラやクヌギなどが多いよ。極相の樹種とは違っているんだよ。

花　子：そういえば，コナラやクヌギは，明るい場所での生育に適した コ だと学習したわね。

太　郎：ボランティアのリーダーの方から聞いた話では，里山はある程度人間が手を加えることで，長い間変わらない景観を維持しているそうだよ。このことは人が手を加えることによって遷移を サ ようにしているってことだね。

図5

	コ	サ
①	陽　樹	それ以上進行させない
②	陽　樹	速く進行させる
③	陰　樹	それ以上進行させない
④	陰　樹	速く進行させる

5 生態系とその保全について，問1～問3に答えよ。

問1 次の図1と図2は，生態系における窒素の循環，炭素の循環，エネルギーの流れのいずれかを模式的に示したものである。図1と図2が示すものの正しい組合せを，下の①～⑥のうちから一つ選べ。解答番号は [18] 。

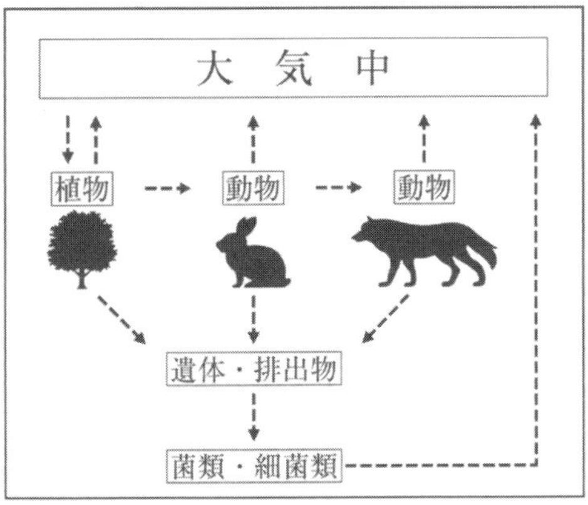

図1

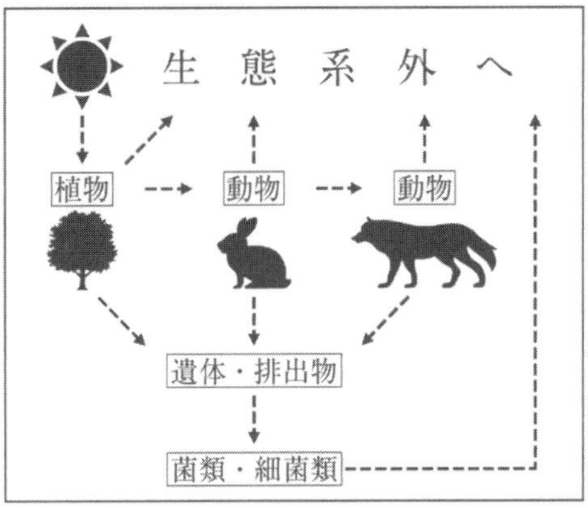

図2

	図1	図2
①	窒素の循環	エネルギーの流れ
②	窒素の循環	炭素の循環
③	エネルギーの流れ	窒素の循環
④	エネルギーの流れ	炭素の循環
⑤	炭素の循環	窒素の循環
⑥	炭素の循環	エネルギーの流れ

問 2　次の文章は，絶滅危惧種についての太郎と花子の会話を記したものである。文章中の空欄 ア と イ に入る語句の正しい組合せを，下の①～⑥のうちから一つ選べ。
解答番号は 19 。

太　郎：今日は絶滅危惧種について学んだね。
花　子：そうだね。 ア などが絶滅危惧種として挙げられていたね。
太　郎：でも，生物が絶滅することは，何が問題なのかな。
花　子：地球上には多様な生物が共存し，生態系のバランスを支えているよね。だから多くの種が絶滅することは，生物の イ を低下させ，生態系のバランスを崩す要因にもなるからだよ。
太　郎：人間による環境破壊や生物の乱獲が，絶滅危惧種の増加の原因の１つになっているらしいね。
花　子：私たちも，普段からこれらについて問題意識を持たないといけないね。

	ア	イ
①	アライグマ	共通性
②	オランウータン	共通性
③	オオクチバス	共通性
④	アライグマ	多様性
⑤	オランウータン	多様性
⑥	オオクチバス	多様性

問3 次の文章は，河川の水質調査について述べたものである。文章中の空欄 ウ と エ に入る語句の正しい組合せを，次のページの①～④のうちから一つ選べ。
解答番号は 20 。

川に生息する生き物の種類や数を調べ，河川の水質がどのくらいきれいなのかを示す水質階級で判定した。水質階級はⅠ～Ⅳの4段階であり，Ⅰが最もきれいな水である。

【方　法】 2つの調査地点で水質の目安となる指標生物を採集し，**表1**にまとめた。

(1) その地点で見つかった指標生物の種類は，それぞれの欄に○印をつけて記録した。

(2) 見つかった指標生物のうち，数が多かった上位から2種類には●印をつけた。ただし，3種類の指標生物がほとんど同じくらいの数だった場合には，3種類まで●印をつけた。

(3) 各水質階級で，次の式を用いて計算をして，得られた値が最も大きい水質階級を，その場所の水質階級と判定した。ただし，2つの水質階級が同じになった場合には，よりきれいな水質階級をその場所の水質階級とした。

(○の数) + (●の数) × 2　…式

【結　果】 調査地点Aは水質階級 ウ であり，調査地点Bは水質階級 エ であることが分かった。

【課　題】 調査地点を増やし，人間活動と水質汚染の関係性を明らかにする。

表1

水質	指標生物	調査地点A	調査地点B
水質階級Ⅰ	カワゲラ類	○	
	ナガレトビケラ類	○	
	アミカ類	○	
	ヘビトンボ	●	
	ブユ類	○	
	サワガニ	●	
水質階級Ⅱ	コオニヤンマ		
	ゲンジボタル		
	ヤマトシジミ		
	カワニナ類	○	
	イシマキガイ		
	オオシマトビケラ	○	

水質	指標生物	調査地点A	調査地点B
水質階級Ⅲ	ミズカマキリ		
	ミズムシ		○
	タニシ		○
	シマイシビル		●
	ニホンドロソコエビ		
	イソコツブムシ類		
水質階級Ⅳ	ユスリカ類		●
	チョウバエ類		
	アメリカザリガニ		
	エラミミズ		
	サカマキガイ		●

	ウ	エ
①	Ⅰ	Ⅲ
②	Ⅰ	Ⅳ
③	Ⅱ	Ⅲ
④	Ⅱ	Ⅳ

令和３年度　第２回

解答・解説

【重要度の表記】

Ａ：重要度が高く確実に正答したい設問。しっかり復習する必要のある問題です。

Ｂ：重要度はＡレベルよりすこし下で、やや難易度が高い設問または内容を読み取る設問。高得点を狙う人は復習しましょう！

Ｃ：重要度が低い、または難解な設問。軽く復習する程度でよいでしょう！

令和３年度 第2回 高卒認定試験

【解答】

1	解答番号	正答	配点	2	解答番号	正答	配点	3	解答番号	正答	配点	4	解答番号	正答	配点	5	解答番号	正答	配点
問１	1	②	5	問１	5	②	5	問１	9	④	5	問１	14	③	5	問１	18	⑥	5
問２	2	④	5	問２	6	③	5	問２	10	④	5	問２	15	④	5	問２	19	⑤	5
問３	3	②	5	問３	7	②	5	問３	11	④	5	問３	16	③	5	問３	20	①	5
問４	4	⑥	5	問４	8	①	5	問４	12	①	5	問４	17	①	5	-	-		
-	-			-	-			問５	13	①	5	-	-			-	-		

【解説】

1

問１　細胞の共通性に関する問題です。真核生物と原核生物は細胞の大きさや細胞内部構造が異なります。しかし，「細胞膜で包まれている・細胞膜の外側を細胞壁が取り囲む・遺伝子の本体であるDNAをもつ」という共通の特徴があります。よって，アは＋，ウは＋となります。ただ，呼吸によりエネルギーを取り出す葉緑体は，原核細胞にはなく真核細胞（植物細胞）のみにある特徴です。よって，イは－となります。したがって，正解は②となります。

解答番号【1】：2　　　⇒ 重要度A

問２　有機物から放出されたエネルギーは，生命活動に直接使われず，いったんATPという物質の合成に使われます。このATPをアデノシン三リン酸といいます。ATPはヌクレオチドと呼ばれる塩基・糖・リン酸という単位で構成されています。ATPの塩基はアデニンです。また，アデニンと糖が結合したものをアデノシンといいます。ATPは，英語ではadenosine triphosphateと表記されます。下線の文字をとってATPと呼んでいます。phosphateはリン酸という意味です。triは３つという意味なので，ATPのTは３を表しています。ADPは，英語ではadenosine diphosphateと表記されます。diは２つという意味なので，ADPのDは２を表しています。したがって，正解は④となります。

解答番号【2】：4　　　⇒ 重要度C

問３　（３）（４）（５）は対照実験といいます。結果を検証するために，比較対象を設定した実験です。ここでいう比較対象はペプシン（酵素）を加えた後の時間です。（３）は０秒，（４）は30秒，（５）は60秒です。タンパク質は，ペプシン（酵素）のはたらきで，ポリペプチドに分解されます。酵素による分解反応には，温度・pH・濃度が関係しています。人体ではたらく酵素の最適温度は体温付近です。実験手順を見ると，酵素を加えてからすぐに氷水で冷やしてしまう（３）の試験管Aは十分な反応が得られません。よって，タンパク質が分解されずゼリー状に固まります（+）。（5）は，十分に反応が進むので，試験管Cはゼラチンが分解されます（−）。（4）は,（3）と（5）の間なので（+）または（−）と考えられます。したがって，正解は②となります。

解答番号【3】：2　⇒**重要度B**

問４　細胞内共生説についての内容です。真核細胞内のミトコンドリアは，好気性細菌が単細胞内に入り込み共生したことが起源となっています。好気性細菌とは，酸素が存在する中で生育する原核生物です。酸素を用いて有機物を分解し，ATPを合成する能力をもちます。シアノバクテリアは光合成を行う原核生物です。したがって，正解は⑥となります。

解答番号【4】：6　⇒**重要度A**

2

問１　（a）の造血幹細胞より，すべての血球と免疫細胞がつくられます。これらは遺伝情報に基づいてつくられるので，DNAをもちます。後半の太郎さんの会話文からもわかるように，赤血球の核は酸素等を効率よく運搬するために成長途中で細胞外に放出（脱核）されます。核がなくなるので，赤血球はDNAをもちません。白血球の核は細胞外に放出されません。また，血小板のもととなる巨核球は巨大な核をもちます。赤血球以外は核をもつためDNAをもちます。したがって，正解は②となります。

解答番号【5】：2　⇒**重要度B**

問２　細胞周期は，M期（分裂期）→ G_1 期（DNA合成準備期）→ S期（DNA合成期）→ G_2 期（分裂準備期）に分けられます。この順番で考えると，S期にあたるのはfです。DNAの量は，分裂期（M期）直後は半減し，その後のDNA合成期（S期）で倍になります。DNA合成期前の G_1 期は，分裂期のDNA量を1とすると，その半分の0.5となります。したがって，正解は③となります。

解答番号【6】：3　⇒**重要度A**

問３　転写とは，まずDNAの２本鎖の一部が，酵素によりほどけて塩基対どうしの結合が切れて，そのほどけた領域でDNAの片方のヌクレオチドの塩基にmRNAのヌクレオチドの塩基が結合し，１本鎖のRNAにDNAの塩基配列が写し取られることです。翻訳とは，転写で写し取られたmRNAの塩基配列が，タンパク質を合成するアミノ酸配列に変換される過程をいいます。mRNAの塩基３つの並び方で１つのアミノ酸を指定します。そして，これらアミノ酸がつながりタンパク質が合成されます。イとエは転写の説明です。したがって，アとウが正しく，正解は②となります。

解答番号【7】：2　⇒**重要度A**

問４　生物の体をつくる細胞は，１個の受精卵が分裂を繰り返した結果として生じたものです。動物の体をつくるすべての細胞は同一のゲノムをもっています。そして，各器官で必要とされる遺伝子が発現し，特定の形やはたらきをもった細胞に変化しています（細胞分化）。だ線の細胞もすい臓の細胞にも，どちらもアミラーゼとインスリンの遺伝子が存在します。そして，だ線の細胞ではアミラーゼの遺伝子が発現し，すい臓の遺伝子ではインスリンの遺伝子が発現しています。したがって，正解は①となります。

解答番号【8】：1 ⇒**重要度C**

3

問１ 赤血球に含まれる赤い色の物質はヘモグロビンです。これは鉄を含んだタンパク質です。ヘモグロビンは酸素と結合し，組織への酸素の運搬を担っています。多くの酸素と結合した血液は鮮赤色をしていて，酸素との結合を外した血液は暗赤色をしています。血液 1 mm^2 中，赤血球は約 500 万個，白血球は約 5000 個です。つまり，赤血球に比べて白血球は 1000 分の 1 です。白血球は病原体に対する免疫反応に関係する細胞です。したがって，正解は④となります。

解答番号【9】：4 ⇒**重要度A**

問２ 肝門脈（かんもんみゃく）と肝動脈（かんどうみゃく）という異なる２つの血管を通して肝臓に血液が流れ込んでいます。肝門脈は小腸の静脈からくる血管です。肝臓内で枝分かれし，毛細血管となります。肝門脈を流れる血液には，小腸で吸収されたグルコースやアミノ酸などのさまざまな物質が含まれています。肝臓では，タンパク質やアミノ酸の分解により生じた有害なアンモニアを毒性の少ない尿素に合成しています。また，アルコールなどの有害な物質を酵素によって分解し無毒化しています。これを解毒作用といいます。小腸の静脈が肝臓とつながっているため，消化・吸収された物質のなかから有害な物質を効率よく取り除くことができています。したがって，正解は④となります。

解答番号【10】：4 ⇒**重要度B**

問３ チロキシンは甲状腺より分泌されるヨウ素を含むホルモンです。全身の代謝を高めるはたらきをします。チロキシンの分泌は，脳下垂体から分泌されるホルモン（甲状腺刺激ホルモン）によって調節されています。血中のチロキシンの量が増え過ぎると，視床下部や脳下垂体がそれをとらえ，チロキシンの分泌を抑制するように甲状腺にはたらきかけます。このように，ホルモン自体が前の段階に戻って作用を及ぼすことをフィードバックといいます。つまり，フィードバックにより，チロキシンが視床下部や脳下垂体前葉のホルモンの分泌を抑制します。したがって，正解は④となります。

解答番号【11】：4 ⇒**重要度C**

問４ 体内環境の調整は，自律神経による調節のほかにも，ホルモンという化学物質による調整が行われています。ホルモンは内分泌腺や内分泌細胞から血液中に放出されています。ランゲルハンス島はすい臓の組織中に散らばっている内分泌線の組織です。一般的に，交感神経は興奮状態にあるときや身体的・精神的に活動を活発にするときにはたらきます。したがって，正解は①となります。

解答番号【12】：1 ⇒**重要度A**

問５ 免疫細胞がつくられるなかで自己の臓器や細胞を抗原と認識してしまう免疫細胞が一部生じてしまいます。これらは成熟の過程で選別のうえ排除されるため，免疫反応が生じないようになっています。これを免疫寛容といいます。他者の細胞に対しては免疫寛容は生じないため，他者の細胞が体内に入り樹状細胞に取り込まれると，細胞性免疫であるキラーT細胞が活性化して，他者の細胞を攻撃します。その結果，この設問の実験のように皮膚の脱落が起こります。実験２で２度目の皮膚移植による脱落までの日数が早かったのは免疫記憶によるものです。初めて抗原が体内に入ったとき，リンパ球の活性化と増殖に時間がかかります（１次応答）。１次応答で活性化して増殖した免疫細胞は，一部のものが記憶細胞として体内に残っています。２度目に体内に入ると，マクロファージによる抗原提示などにより記憶細胞がすぐに活性化して増殖し，適応免疫がすばやくはたらくことができます。したがって，正解は①となります。

解答番号【13】：1　⇒ 重要度C

4

問１　発達した森林に見られる，高木層・亜高木層・低木層・草本層・地表層という構造を階層構造といいます。アには階層構造が入ります。ギャップとは，森林において台風等により木が倒れるなどして森林が部分的に破壊されることをいいます。高木層の樹木が葉を広げている部分を林冠（りんかん）と呼びます。イには林冠が入ります。森林内の光環境は下層にいくほど暗くなります。図２より，光は高木層を通り抜けると約25％となり，その後，地表部まで到達する光は数％となることが読み取れます。したがって，正解は③となります。

解答番号【14】：3　⇒ 重要度A

問２　バイオーム（生物群系）とは，植生を構成する植物とそこに生息する動物や微生物を含むすべての生物の集まりのことをいいます。図３より，縦軸が年降水量，横軸が年平均気温を表していますから，年降水量1063mm，年平均気温6.8℃のバイオームは，夏緑樹林ということがわかります。したがって，正解は④となります。

解答番号【15】：4　⇒ 重要度A

問３　日本では，高山や海岸，湿地など一部を除き，森林が成り立つのに十分な年降水量があります。日本の極相のバイオームは森林です。そのため，日本のバイオームを決める主な気候要因は年平均気温です。平地では，緯度が上がるほど（北方にいくほど）気温が低下することから，緯度（南北方向）に対応したバイオームの分布を水平分布といいます。図４の緯度36°・経度140°は東京近辺であると読み取れます。この地域のバイオームは照葉樹林です。冬の寒さが厳しくないこの地域では，常緑の照葉樹であるスダジイやタブノキが優占しています。ブナやミズナラは夏緑樹林に植生する落葉広葉樹です。冬に落葉することにより，寒さに耐えることができます。したがって，正解は③となります。

解答番号【16】：3　⇒ 重要度A

問４　以前は，里山の落葉や下草などをたい肥にして有機肥料を得たり，木を切り出して燃料となる炭の原料を得たりしていました。落葉広葉樹のコナラやクヌギは，伐採されてもその切り株から新しい芽が伸びて10～20年で成熟した木となる陽樹です。そのため，繰り返し持続的に利用することができます。里山は，遷移の途中段階の陽樹が優占している状態で，遷移をそれ以上進行させないようにしています。そのために，ササなどの下草や陰樹的な常緑広葉樹のカシ類などの樹木を取り除く管理が必要となります。里山は人間が管理する森林ですが，生物の多様性を保つために重要な植生となっています。したがって，正解は①となります。

解答番号【17】：１　⇒ **重要度Ｂ**

5

問１　植物と動物からの上向き矢印は，図１は大気中へ，図２は生態系外へと向かっています。熱エネルギー循環において，有機物の化学エネルギーは最終的にすべて熱エネルギーとなり生態系外に出ていきます。生態系内を循環しません。つまり，太陽からの光エネルギーの供給が止まれば，植物は生存することができず，エネルギーの流れは止まってしまいます。よって，図２は熱エネルギーの流れを示した図です。図１は植物と動物より大気中に矢印が向いています。これは呼吸により排出している二酸化炭素です。図１より，生態系のなかで循環されていることが読み取れます。よって，図１は炭素循環を示した図です。したがって，正解は⑥となります。

解答番号【18】：６　⇒ **重要度Ｃ**

問２　アライグマとオオクチバスは，もともと日本の生態系におらず，人間により積極的にまたは偶然に持ち込まれ，日本の生態系の新たな構成主種となった外来種です。オランウータンは絶滅危惧種です。多くの種が絶滅することは，生物の多様性を低下させ，生態系のバランスを崩す要因となります。また，環境の急速な変化により，その変化に対応できない生物が絶滅して生物の多様性が減少します。生物の多様性は環境変化を反映するバロメーターでもあります。生物の絶滅は生物の進化の歴史のなかで絶えず起こってきたことですが，人間の影響がなかった時代の生物の絶滅に比べ，現在の絶滅の恐れは100～1000倍高いと推測されています。したがって，正解は⑤となります。

解答番号【19】：５　⇒ **重要度Ａ**

問３　調査地点Ａの○と●の数を計算します。水質階級Ⅰは，○が４つで●が２つなので，４×１＋２×２＝８です。水質階級Ⅱは，○が２つなので２です。方法（３）にあるとおり，得られた値がより大きい水質階級をその場所の水質階級とするので，調査地点Ａの水質階級はⅠです。次に調査地点Ｂの計算をします。水質階級Ⅲは，○が２つで●が１つなので，２×１＋１×２＝４です。水質階級Ⅳは，●が２つなので，２×２＝４です。方法（３）に２つの水質階級が同じになった場合には，よりきれいな水質階級をその場所の水質階級とするとあります。よって，調査地点Ｂの水質階級はⅢです。したがって，正解は①となります。

解答番号【20】：１　⇒ **重要度Ｂ**

令和３年度 第１回
高卒認定試験

生物基礎

解答時間　50 分

注　意　事　項（抜粋）

＊　試験開始の合図前に，監督者の指示に従って，解答用紙の該当欄に以下の内容をそれぞれ正しく記入し，マークすること。

①**氏名欄**

氏名を記入すること。

②**受験番号，**③**生年月日，**④**受験地欄**

受験番号，生年月日を記入し，さらにマーク欄に**受験番号**（数字），**生年月日**（年号・数字），**受験地をマーク**すること。

＊　**受験番号，生年月日，受験地が正しくマークされていない場合は，採点できないことがある。**

＊　解答は，解答用紙の解答欄にマークすること。例えば，［10］と表示のある解答番号に対して②と解答する場合は，次の（例）のように**解答番号 10 の解答欄**の②に**マーク**すること。

（例）

解答番号	解　答　欄
10	① ● ③ ④ ⑤ ⑥ ⑦ ⑧ ⑨ ⓪

生 物 基 礎

（解答番号 1 ～ 20 ）

1 生物の特徴について，**問 1** ～**問 4** に答えよ。

問 1 次の文章は，細胞の観察についての太郎と花子の会話を記したものである。文章中の空欄 ア に入る語句を，下の①～④のうちから一つ選べ。解答番号は 1 。

花　子：この前の授業で観察した納豆菌の顕微鏡写真(**図 1**)が，ここにあるよ。
太　郎：どれが納豆菌なのかな。
花　子：ここに写っているたくさんの粒がみんな納豆菌だよ。この粒の一つ一つが，ヒトと同じように生物なんだよ。
太　郎：えっ，ヒトと同じようには見えないけど，共通点なんてあるのかな。
花　子：例えば，ヒトと納豆菌では ア といった共通点があるよ。

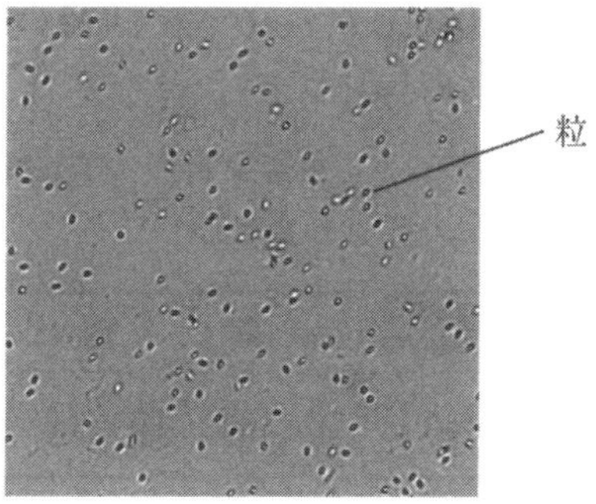

図 1

① 細胞の中に核膜で仕切られた核が見られる
② 細胞のまわりが細胞壁で囲まれている
③ 細胞内の葉緑体によって光合成を行う
④ 細胞内で代謝が行われる

問 2 次の文章は，**ATP の特徴**，及び，**大腸菌やイネ，ヒトの細胞における ATP** について述べたものである。正しい文章の組合せを，下の①～⑥のうちから一つ選べ。
解答番号は [2] 。

【ATP の特徴】

a　ATP が分解されて，ADP とリン酸になる際に発生するエネルギーは，様々な生命活動に利用される。

b　様々な生命活動によって生じたエネルギーは，ATP を ADP とリン酸に分解する際に利用される。

【大腸菌やイネ，ヒトの細胞における ATP】

c　ATP は大腸菌やイネ，ヒト，全ての細胞に含まれている。

d　ATP はイネとヒトの細胞に含まれているが，大腸菌の細胞には含まれていない。

e　ATP はヒトの細胞には含まれているが，大腸菌とイネの細胞には含まれていない。

① a，c
② a，d
③ a，e
④ b，c
⑤ b，d
⑥ b，e

問 3　次の文章は，酵素反応に関する実験メモ(**図 2**)と，この実験結果についての太郎と花子の会話を記したものである。なお，レバー(肝臓)には，過酸化水素を分解する酵素が比較的多く含まれていることが知られている。文章中の空欄 **イ** に入る語句を，次のページの①～⑤のうちから一つ選べ。解答番号は **3** 。

実験メモ

＜実験1　方法と結果＞

過酸化水素を含む水溶液(過酸化水素水)を試験管に入れた。この試験管にニワトリのレバー(以下　レバー)を入れたところ，大量の気体が発生した。また，発生した気体に火のついた線香を近づけたところ激しく燃焼した。

＜実験2　方法と結果＞

実験1と同じ量の過酸化水素水を同じ大きさの別の試験管に入れ，この中にはレバーを入れずにおいたところ，ほとんど気体は発生しなかった。

＜実験3　方法と結果＞

実験1，2と同じ大きさの別の試験管の中に，過酸化水素水の代わりに同量の水を入れ，レバーを入れたところ，気体は発生しなかった。

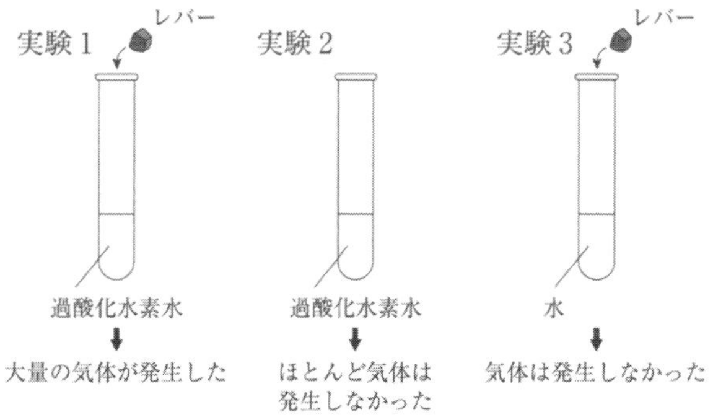

図 2

花　子：実験メモを見ながら，結果について考察してみましょう。

太　郎：考察の前に，なぜ実験2や実験3を行う必要があったのか，分からないんだよ。

花　子：それは実験前に確認したじゃない。もう一度説明するわね。
実験1と比較することに意味があるのよ。例えば，実験1と実験2を比べると，レバーを入れた時と入れない時を比べることになるから，レバーに含まれている物質(酵素)が反応を起こすことを確認できるのよ。

太　郎：なるほど。じゃあ，実験3はなぜやったのかな。

花　子：実験1と実験3を比べて，**イ** を確かめるためよ。

①　レバーに含まれていた物質(酵素)が，何度も化学反応を促進したこと
②　レバーに含まれていた物質(酵素)が，水の分解を促進したこと
③　レバーに含まれていた物質(酵素)が，水ではなく過酸化水素の分解を促進したこと
④　レバーの中に含まれていた気体が泡となって生じたこと
⑤　レバーの中にも過酸化水素が含まれていたこと

問 4　次の文章は，呼吸について述べたものである。文章中の空欄 ウ と エ に入る語句の正しい組合せを，下の①～⑤のうちから一つ選べ。解答番号は 4 。

> ヒトなどの真核生物の呼吸により利用される酸素は，ミトコンドリアで利用される。ミトコンドリアはATPを多量につくる場である。したがって，呼吸によるATPの生産は ウ で行われる。また，有機物の一種であるグルコースは エ で分解され，この反応は様々な酵素によって促進される。

	ウ	エ
①	細胞外	細胞外
②	細胞外	細胞内
③	細胞内	細胞外
④	細胞内	細胞内
⑤	細胞内と細胞外	細胞外

2 遺伝子とその働きについて，**問1～問4**に答えよ。

問1 DNA の構造の一部について示した正しい模式図を，次の①～④のうちから一つ選べ。
解答番号は 5 。

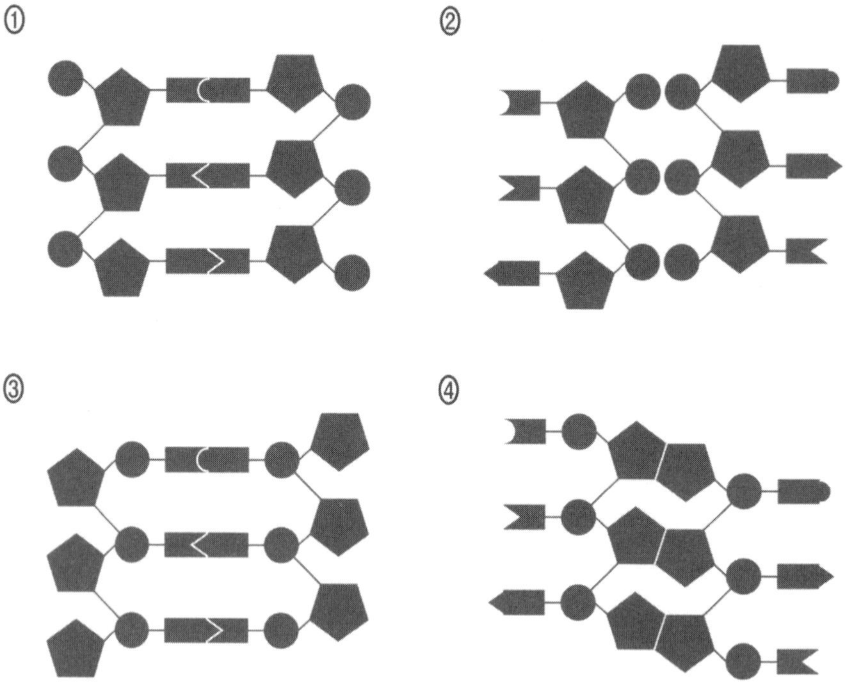

図の  は糖，  は塩基，  はリン酸を示す。

問 2　次の文章は，遺伝子と遺伝情報について述べたものである。文章中の空欄 ア と イ に入る語句の正しい組合せを，下の①～⑥のうちから一つ選べ。
解答番号は 6 。

生物は，それぞれの個体の形成，維持，繁殖などの生命活動に必要な全ての遺伝情報を含んだDNAを持っている。そのようなDNAの1組を ア という。例えば，ヒトの イ には，1組の ア が含まれる。また，全国で見られるサクラの1つである‘染井吉野（ソメイヨシノ）’は，増やしたい個体から枝を取って台木に差す，接木（つぎき）*という方法で増やされており，1つの個体が次々と分けられたものである。そのため，全国にある‘染井吉野(台木の部分は除く)’は，全て ア が同じである。

*接木とは，植物体の一部を切り取って，別個体の植物体に接着させて1つの個体にすること。この時に下部になる植物体を台木という。

	ア	イ
①	ゲノム	生殖細胞(配偶子)
②	ゲノム	体細胞
③	チミン	生殖細胞(配偶子)
④	チミン	体細胞
⑤	アミノ酸	生殖細胞(配偶子)
⑥	アミノ酸	体細胞

問 3 次の**図 1** は，体細胞分裂を繰り返している細胞集団について，細胞当たりの DNA 量と細胞数を調べた結果である。**図 1** の**領域 A ～ C** には，細胞周期の G_1 期(DNA 合成準備期)，S 期(DNA 合成期)，G_2 期(分裂準備期)，M 期(分裂期)のどの段階の細胞が含まれるか。正しい組合せを，下の①～④のうちから一つ選べ。解答番号は 7 。

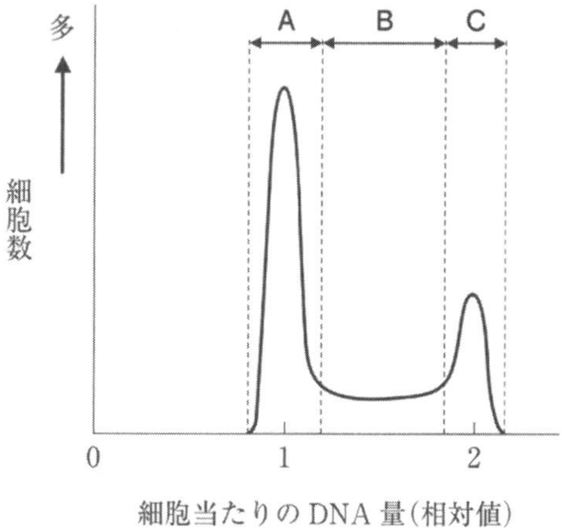

図 1

	領域 A	領域 B	領域 C
①	G_1 期	G_2 期と M 期	S 期
②	G_1 期	S 期	G_2 期と M 期
③	G_2 期と M 期	G_1 期	S 期
④	G_2 期と M 期	S 期	G_1 期

問 4　次の文章は，細胞の分化と遺伝情報に関する実験について述べたものである。実験結果から得られる正しい結論を，下の①～④のうちから一つ選べ。解答番号は　8　。

アフリカツメガエルの体色が白い系統から未受精卵を取り，紫外線を照射して核の働きを失わせた。さらに，体色が黒い系統のカエル(オタマジャクシ)の分化した体細胞から核を取り出し，未受精卵にその核を移植して発生させたところ，**図 2** のような体色が黒い成体が得られた。この実験を何度か行い，体色が黒い多数の成体を得ることができた。なお，紫外線を照射した未受精卵は発生することがなかった。

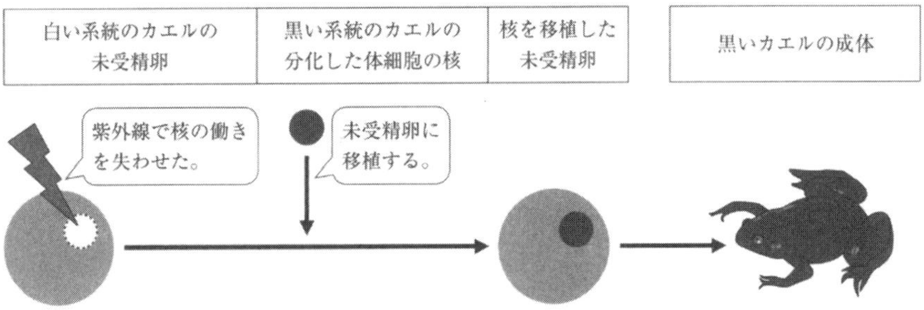

図 2　　図の縮尺は，実物とは異なる。

① 未受精卵の核以外の部分には，個体をつくり出すのに必要な全ての遺伝子が含まれている。

② 分化した体細胞の核には，個体をつくり出すのに必要な遺伝子は含まれていない。

③ 分化した体細胞の核には，個体をつくり出すのに必要な全ての遺伝子が含まれている。

④ 分化した体細胞の核以外の部分には，個体をつくり出すのに必要な全ての遺伝子が含まれている。

3 生物の体内環境の維持について，問1～問5に答えよ。

問1 次の文章は，心臓及び血液について述べたものである。文章中の空欄 ア ～ ウ に入る語句の正しい組合せを，下の①～⑥のうちから一つ選べ。解答番号は 9 。

ニワトリの心臓の構造と機能はヒトとほぼ同じである。図1はニワトリの心臓を点線の部分で輪切りにした断面を示したものであり，AとBはそれぞれ心室を示している。Aを囲う心臓の筋肉の厚さ(●)は，Bを囲う心臓の筋肉の厚さ(★)と比べて薄い。筋肉の厚さは，厚いほど血液が押し出される力は強くなる。つまり，Aを通る血液が押し出される力はBと比べて弱い。このことから，Aは ア に血液を送る イ 心室である。また，血液中に含まれる全ヘモグロビン中の，酸素と結合しているヘモグロビン(酸素ヘモグロビン)の割合をAとBで比較すると， ウ を通る血液の方が大きい。

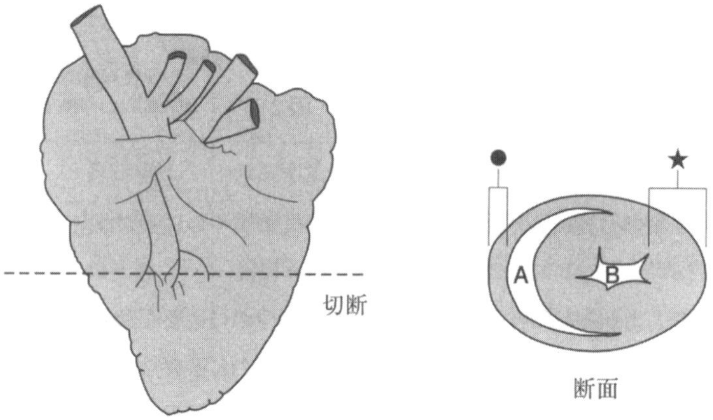

図1

	ア	イ	ウ
①	全　身	右	A
②	全　身	左	A
③	全　身	左	B
④	肺	右	A
⑤	肺	右	B
⑥	肺	左	B

問 2 次の文章は，腎臓の構造とその働きについて述べたものである。文章中の空欄 エ ～ カ に入る語句の正しい組合せを，下の①～⑥のうちから一つ選べ。
解答番号は 10 。

> 図2は，ブタの腎臓に腎動脈から墨汁を入れ，その後，切って内部(縦断面)を見た際の模式図である。図3は，図2の枠内を拡大したもので，墨汁を入れていない腎臓では観察できない黒い点が，Cの部分に多く見られた。
> 墨汁には墨(すみ)の小さな粒が含まれている。この墨の粒は エ と同様，オ からボーマンのうへ，ろ過されることがない。オ は カ が複雑にからまった構造であり，ここに墨の粒が蓄積することになるのでCの部分に存在する多数の黒い点は，一つ一つが オ であることが分かる。

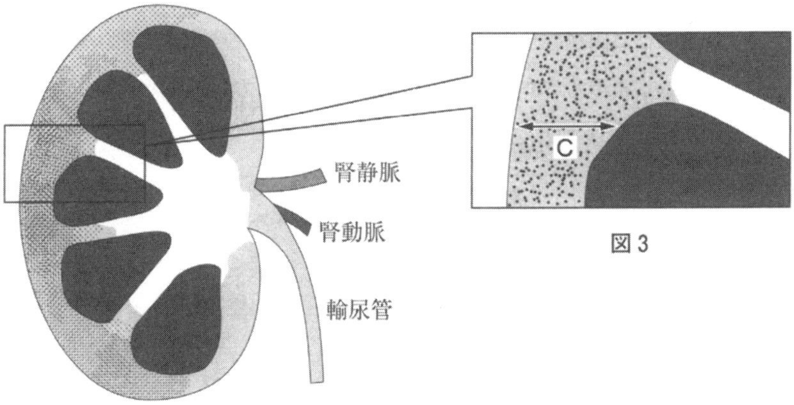

図2　図3

	エ	オ	カ
①	糖や尿素	腎　う	毛細血管
②	糖や尿素	腎　う	細尿管
③	糖や尿素	糸球体	毛細血管
④	血球やタンパク質	腎　う	毛細血管
⑤	血球やタンパク質	糸球体	細尿管
⑥	血球やタンパク質	糸球体	毛細血管

問 3　次の文章は，運動と脈拍数の変化について述べたものである。文章中の空欄 キ ～ ケ に入る語句の正しい組合せを，下の①～④のうちから一つ選べ。
解答番号は 11 。

運動前後の脈拍数の変化を調べるために，運動前(安静時)，運動直後，運動後1分経過ごとに，それぞれ30秒間の脈拍数を数えた。結果は**表1**のようになった。運動前に比べて，「運動直後～30秒後」の脈拍数が多くなったのは，運動中に キ 神経の働きにより心臓の拍動が促進されたからである。また，これに比べて「1分～1分30秒後」の脈拍数が少なくなっているのは ク 神経の働きにより心臓の拍動が抑制されたからである。さらに**表1**の「2分～2分30秒後」以後の脈拍数は，運動前に戻っている。このような体内環境の維持に， キ 神経や ク 神経といった ケ が働いている。

表1

	脈拍数(回)
安静時(運動前30秒間)	31
運動直後～30秒後	60
1分～1分30秒後	42
2分～2分30秒後	35
3分～3分30秒後	34
4分～4分30秒後	33
5分～5分30秒後	30

	キ	ク	ケ
①	交　感	副交感	中枢神経(脳・脊髄)
②	交　感	副交感	自律神経
③	副交感	交　感	中枢神経(脳・脊髄)
④	副交感	交　感	自律神経

問 4　次の文章は，糖尿病についての先生と太郎と花子の会話を記したものである。文章中の空欄 コ と サ に入る語句の正しい組合せを，下の①～④のうちから一つ選べ。解答番号は 12 。

太　郎：僕のおじいさんは糖尿病で，毎回食事の度にインスリンを注射しています。
花　子：私のおばあさんも糖尿病だけど，インスリンを注射していないよ。ただ，食事制限をしているから，食事は少なめだよ。
先　生：太郎さんのおじいさんと，花子さんのおばあさんは，糖尿病の原因が違うのかもしれないですね。
太　郎：どういうことですか。
先　生：インスリンを注射して治療効果が見られる時の多くが，すい臓のランゲルハンス島B細胞から分泌されるインスリンの量が コ 場合です。一方で，インスリン注射のみでは治療が難しい場合もあります。このような糖尿病の多くは，標的細胞がインスリンを サ なることが原因になって起こります。
花　子：同じような症状でも，原因や治療の仕方が違うことがあるのですね。

	コ	サ
①	過剰な	受け取れなく
②	過剰な	受け取れるように
③	少ない	受け取れなく
④	少ない	受け取れるように

問 5 次の文章は，免疫に関わる細胞の働きについての先生と太郎の会話を記したものである。文章中の空欄 シ ～ セ に入る語句の正しい組合せを，次のページの①～⑤のうちから一つ選べ。解答番号は 13 。

先　生：今日は自分の体の白血球を観察してもらいます。

太　郎：どうやって観察するのですか。

先　生：奥歯と歯肉(歯茎)の間の溝を綿棒でぬぐい，スライドガラスにつけて染色します。その後，カバーガラスをかけて顕微鏡で観察し，スケッチして下さい。

～　実験・観察　～

太　郎：スケッチができました(**図4**)。大きな細胞が見えましたが，これは口腔上皮細胞ですよね。この口腔上皮細胞の周囲にとても小さい粒がありました。それから，核の形がいびつな細胞(**X**)もありました。

先　生：小さい粒は口腔内に見られる細菌ですね。種類によっては，歯肉や歯の病気の原因になります。それから，核の形がいびつな細胞(**X**)は好中球です。この細胞は，病原体を シ します。他に，このような働きをする細胞には ス や樹状細胞があります。また，この働きのことを セ 免疫と言いましたね。

太　郎：もしかして，好中球は歯と歯肉の間で細菌と戦っているのかな。

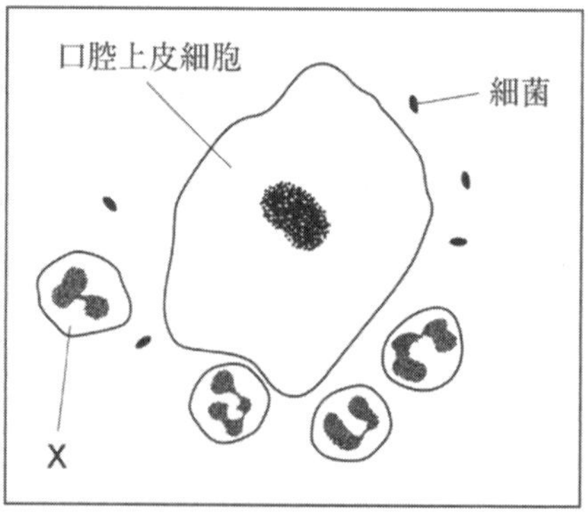

図4

	シ	ス	セ
①	抗体で攻撃	リンパ球	自　然
②	抗体で攻撃	マクロファージ	適応(獲得)
③	取り込んで分解	リンパ球	自　然
④	取り込んで分解	マクロファージ	自　然
⑤	取り込んで分解	マクロファージ	適応(獲得)

4 植生の多様性と分布について，**問1**～**問4**に答えよ。

問1 次の文章は，生物とそれを取り巻く環境について述べたものである。文章中の空欄 ア ～ ウ に入る語句の正しい組合せを，下の①～⑥のうちから一つ選べ。
解答番号は 14 。

環境は大きく2つに分けることができる。1つは非生物的環境，もう1つは生物的環境である。非生物的環境が生物に様々な影響を及ぼすことを ア ，生物が非生物的環境に影響を及ぼすことを イ という。 イ の例には「 ウ こと」があげられる。

	ア	イ	ウ
①	環境形成作用	作　用	樹木の光合成は光や温度の影響を受ける
②	環境形成作用	作　用	植物の花粉や種子を動物が運ぶ
③	環境形成作用	作　用	樹木が生育すると森林内の1日の気温の変化が小さくなる
④	作　用	環境形成作用	樹木の光合成は光や温度の影響を受ける
⑤	作　用	環境形成作用	植物の花粉や種子を動物が運ぶ
⑥	作　用	環境形成作用	樹木が生育すると森林内の1日の気温の変化が小さくなる

問 2　次の文章は，森林の階層構造と土壌についての太郎と花子の会話を記したものである。文章中の空欄 エ ～ カ に入る語句の正しい組合せを，下の①～⑥のうちから一つ選べ。解答番号は 15 。

太　郎：夏休みに生物部で森林を観察したよ。
花　子：そうなんだ。写真を見せて。
太　郎：これは林冠の写真(**図 1**)，こっちは林床の写真(**図 2**)だよ。

図 1

図 2

花　子：森林の様子はどうだったの。
太　郎：森林は，林冠と林床で明るさが全然違ったよ。森林の中で，光の良く届く林冠を見上げるとスダジイなどの高い木があったし，下を見ると低い木もあったよ。さらに足元を見ると，届く光が少ない林床では，種子をつくらない エ などの植物が多く育っていたよ。
花　子：この森林は階層構造の発達が見られたのね。これらの植物が育つ土壌の様子も気になるわ。
太　郎：僕も授業で森林の土壌の話を聞いたから，地面を調べてみたよ。そうしたら，まず オ があって，さらにその下を調べたら黒っぽい土が見えたよ。
花　子：黒っぽい土は カ 層ね。
太　郎：これより下は調べなかったけれど，どんな層が広がっているんだろうね。

	エ	オ	カ
①	コケ植物・シダ植物	落葉や枯れ枝	腐植土
②	コケ植物・シダ植物	母　岩	腐植土
③	コケ植物・シダ植物	落葉や枯れ枝	岩石が風化した
④	イタドリ・ススキ	落葉や枯れ枝	岩石が風化した
⑤	イタドリ・ススキ	母　岩	腐植土
⑥	イタドリ・ススキ	母　岩	岩石が風化した

問 3 次の文章は，ビオトープの植生についての太郎と花子の会話を記したものである。文章中の空欄 キ ～ ケ に入る語句の正しい組合せを，下の①～④のうちから一つ選べ。解答番号は 16 。

太　郎：ビオトープの池の写真(図 3，図 4)を撮ったよ。

花　子：池には水草や色々な植物が生育しているわね。この池，このまま何もしなかったら未来はどうなるかな。

太　郎：ずっと先の未来のことなんて分からないよ。

花　子：そうよね，でもこの池は，既に底には落葉や枯れ枝などが溜(た)まっているから，いずれは池が埋まってしまうかもしれないわね。

太　郎：そうか。そうすると，植生が時間とともに次第に変化していく現象である キ が起こる。つまり，この池が埋まってしまった後は裸地から始まる キ のように， ク から ケ に変化するんだね。

花　子：そうよね。

図 3

図 4

	キ	ク	ケ
①	遷　移	森　林	草　原
②	遷　移	草　原	森　林
③	循　環	森　林	草　原
④	循　環	草　原	森　林

問 4　次の文章は，日本のバイオームについて述べたものである。文章中の空欄 コ ～ シ に入る語句の正しい組合せを，下の①～④のうちから一つ選べ。
解答番号は 17 。

> 日本は森林が成り立つのに十分な降水量があるため， コ によってバイオームの分布が決まる。山岳地域では，山頂に向かうにつれ コ が低下し，それに応じてバイオームも垂直的に変化する。図 5 は，日本のバイオームの分布を表している。図 5 中の A は，トドマツやエゾマツが優占する サ である。B は，熱帯多雨林より緯度が高い地域に発達するバイオームで， シ が見られる。

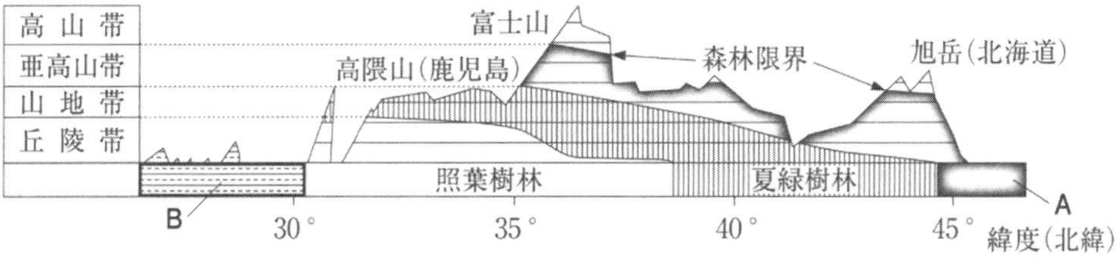

図 5

	コ	サ	シ
①	日照時間	雨緑樹林	ハイマツなどの低木林や草原(お花畑)
②	日照時間	針葉樹林	ヘゴやガジュマル，アコウ
③	年平均気温	雨緑樹林	ハイマツなどの低木林や草原(お花畑)
④	年平均気温	針葉樹林	ヘゴやガジュマル，アコウ

5 生態系とその保全について，問1～問3に答えよ。

問 1 次の文章は，食う食われるの関係についての太郎と花子の会話を記したものである。文章中の空欄 ア と イ に入る語句の正しい組合せを，次のページの①～⑥のうちから一つ選べ。解答番号は 18 。

太　郎：この前キャンプでイワナ(図1)を捕まえて食べようとしたんだけど，イワナが何を食べているのか気になって，胃袋を開いてみたんだ。

花　子：何が入っていたのかな。

太　郎：ガガンボの仲間や，やご(トンボの幼生)，サワガニ(図1)が出てきたんだよ。と言うことは，イワナは ア ということだね。

花　子：ガガンボは花の蜜が主食で，やごは小型の水生昆虫などを食べているし，サワガニは雑食よ。食う食われるの関係って，1種類の生物が2種類以上の生物を食べたり，2種類以上の生物に食べられたりするために，複雑になっているのよ。

太　郎：このような食う食われるの複雑な関係全体を イ と言うんだね。

イワナ

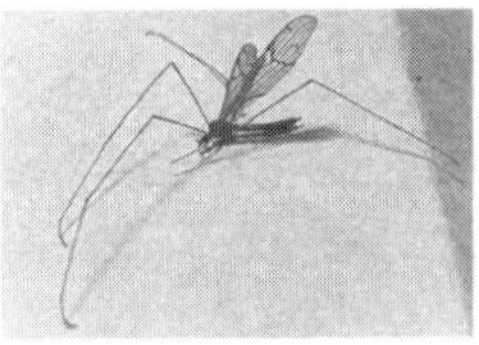

ガガンボ

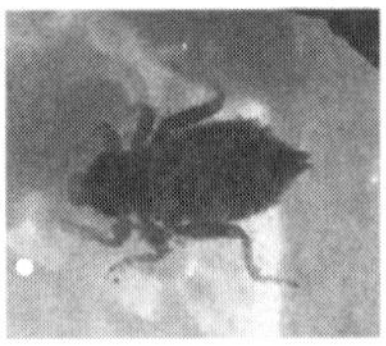

やご

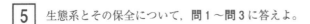

サワガニ

図 1

	ア	イ
①	生産者	生態ピラミッド
②	生産者	食物網
③	生産者	かく乱
④	消費者	生態ピラミッド
⑤	消費者	食物網
⑥	消費者	かく乱

問 2　次の文章は，物質の循環についての太郎と花子の会話を記したものである。文章中の空欄 ウ と エ に入る語句の正しい組合せを，次のページの①～④のうちから一つ選べ。解答番号は 19 。

太　郎：今度，熱帯魚を飼うことにしたんだけど，そういえば，この前習った窒素循環は，熱帯魚を飼育する水槽の生態系に当てはめられるのかな。

花　子：図(**図2**)に書いてみるわね。魚が餌を食べると，餌に含まれていた有機窒素化合物がアンモニウムイオン(アンモニウム塩)として魚から排泄されるの。このアンモニウムイオンが，主に水槽の底砂やろ過フィルター内の微生物(硝化細菌)によって硝酸イオン(硝酸塩)になるわ。そして硝酸イオンやアンモニウムイオンを水草が吸収して成長するの。もし，餌を与えすぎると，魚が食べ残した餌に含まれている有機物を水槽内の別の微生物が分解することによって，アンモニウムイオンが ウ ，水質が悪くなるのよ。

太　郎：それは，まるで赤潮やアオコの発生が見られる富栄養化した状態と似ているね。

花　子：そうだね。

太　郎：ところで，授業では，炭素や窒素などは生態系内を循環すると習ったけど，この図の矢印だと循環していないよね。

花　子：魚は餌以外にも水草も食べているから，これを考えると循環しているのよ。それに，水槽のような小さな生態系でもシアノバクテリアや窒素固定細菌による窒素分子(N_2)の取り込みと， エ による窒素分子(N_2)を放出する働きも少しはあるだろうから，その矢印も書き加えられそうね。

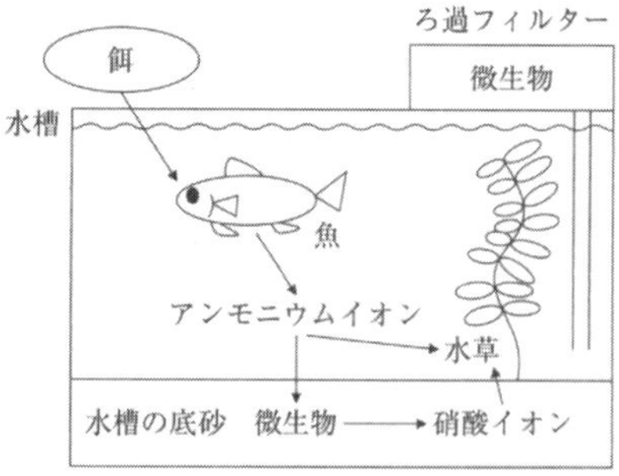

図2　図の→は物質の流れを表している。

	ウ	エ
①	減って	水　草
②	減って	脱窒をする細菌
③	増えて	水　草
④	増えて	脱窒をする細菌

問 3　次の文章は，外来生物について述べたものである。文章中の空欄 **オ** と **カ** に入る語句の正しい組合せを，下の①〜④のうちから一つ選べ。解答番号は **20** 。

> カダヤシ（**図 3**）は，北アメリカ原産の外来種であり，ぼうふら（カの幼虫）の駆除を目的に，福島県以南の本州や四国，九州，沖縄，小笠原に移入された。一度交尾したメスは体内に精子を蓄えることができ，卵ではなく子を産むため，繁殖力が高い。形態がメダカに似ているため，メダカと間違えて捕まえてしまうこともある。しかし，法律によって **オ** に指定され，飼育や保管，運搬，輸入などが禁止されるようになった。 **オ** は生態系や人体・農林水産業などに大きな影響を及ぼすか，あるいは及ぼす可能性のある生物で，他には **カ** などがあげられる。

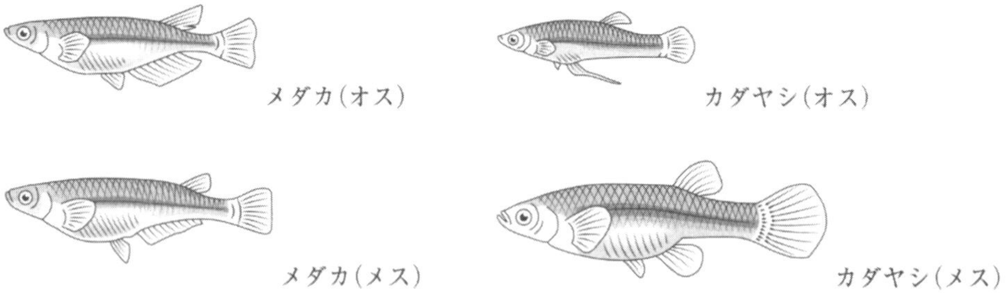

図 3

	オ	カ
①	特定外来生物	オオクチバス・アライグマ
②	特定外来生物	オオサンショウウオ・ツキノワグマ
③	絶滅危惧種	オオクチバス・アライグマ
④	絶滅危惧種	オオサンショウウオ・ツキノワグマ

令和３年度　第１回

解答・解説

【重要度の表記】

Ａ：重要度が高く確実に正答したい設問。しっかり復習する必要のある問題です。

Ｂ：重要度はＡレベルよりすこし下で、やや難易度が高い設問または内容を読み取る設問。高得点を狙う人は復習しましょう！

Ｃ：重要度が低い、または難解な設問。軽く復習する程度でよいでしょう！

令和３年度 第１回　高卒認定試験

【解　答】

1	解答番号	正答	配点	2	解答番号	正答	配点	3	解答番号	正答	配点	4	解答番号	正答	配点	5	解答番号	正答	配点
問１	1	④	5	問１	5	①	5	問１	9	⑤	5	問１	14	⑥	5	問１	18	⑤	5
問２	2	①	5	問２	6	①	5	問２	10	⑥	5	問２	15	①	5	問２	19	④	5
問３	3	③	5	問３	7	②	5	問３	11	②	5	問３	16	②	5	問３	20	①	5
問４	4	④	5	問４	8	③	5	問４	12	③	5	問４	17	④	5	-	-		
-	-			-	-			問５	13	④	5	-	-			-	-		

【解　説】

1

問１　代謝とは生体内における化学反応のことです。核は真核生物にしか見られないので①は誤りです。②は原核細胞と植物細胞に，③は植物細胞のみに見られる細胞の特徴です。真核生物であるヒトの細胞と原核生物である納豆菌の細胞の共通点に，エネルギーを利用して生命活動を行う代謝があります。したがって，正解は④となります。

解答番号【１】：４　　⇒ 重要度Ａ

問２　ATPは，生体内のエネルギーの受け渡しをする物質です。エネルギーはATP内のリン酸間の結合に蓄えられ，この結合が切り離されるときにエネルギーを放出し，それを生命活動に利用しています。また，このATPは原核生物と真核生物のすべての生物がもつ共通の特徴です。したがって，正解は①となります。

解答番号【２】：１　　⇒ 重要度Ａ

問３　この問は，肝臓内の酵素（カタラーゼ）が過酸化水素を分解することを確認するための実験に関するものです。過酸化水素（H_2O_2）は，酸素が酸化されることによって生じる活性酸素のひとつです。体内では細胞内のミトコンドリアが呼吸をするときなどに生じます。活性酸素は，反応性が高く不安定な物質なので，生体内の分子に損傷を与えます。肝臓の酵素（カタラーゼ）により，水と酸素に分解（$2H_2O_2 \rightarrow 2H_2O + O_2$）されます。実験１と２は，レバーが化学反応の促進に関わっていることを確かめています。実験１と３は，レバーが水ではなく過酸化水素の分解を促進していることを確かめています。したがって，正解は③となります。

解答番号【３】：３　　⇒ 重要度Ｂ

問４　ミトコンドリアは真核生物の細胞内に存在する細胞小器官のひとつです。ここでは，グルコースを酸素を用いて水を二酸化炭素に分解しています。このときに生じるエネルギーでATPを合成し，化学エネルギーとして蓄えます。これらはすべて細胞内にあるミトコンドリア内で行われます。したがって，正解は④となります。

解答番号【4】：4　　⇒**重要度A**

2

問１　DNAは塩基・糖・リン酸の順番でつながっているヌクレオチドで構成されています。DNAの鎖の骨格部分は，糖とリン酸が交互に連続してできています。４種類の塩基をもち，特定の塩基どうしが対をつくり，２つのDNA鎖がつながって２重らせん構造を形成しています。②はリン酸どうしで結合しています。③はDNAが糖・リン酸・塩基の順番となっています。④は糖どうしが結合しています。したがって，正解は①となります。

解答番号【5】：1　　⇒**重要度A**

問２　生殖細胞（配偶子）とはヒトの卵子や精子のことです。体細胞とは生物の体を構成する生殖細胞以外の細胞のことです。卵子と精子の生殖細胞にはそれぞれ１組のゲノムが存在します。よって，受精卵は父親由来と母親由来の２組のゲノムをもっていることになります。そして，受精卵が分裂を繰り返して生じた体細胞には２組のゲノムが存在します。すべての染井吉野（サクラ）は，受粉ではなくて接木により増やしています。接ぎ木とは，はじめから根がある台木に染井吉野の枝をつなぐことです。つまり，現存する染井吉野はすべて同じゲノムをもつクローンです。したがって，正解は①となります。

解答番号【6】：1　　⇒**重要度C**

問３　図１は，縦軸が細胞数を，横軸が細胞当たりのDNA量を表しています。細胞数の多い少ないは，各期間の長さに関係します。領域A～Cが細胞周期のどの段階に含まれるかは，DNA量を見て考えます。領域AはDNA量が１なので分裂直後のG_1期です。領域BはDNA量が１～２なのでDNAの複製が行われているS期です。領域CはDNA量が２なのでDNA複製後のG_2期とM期です。したがって，正解は②となります。

解答番号【7】：2　　⇒**重要度B**

問４　分化とは，受精卵が特定の形とはたらきをもった細胞に変化することをいいます。白い系統のカエルの核のはたらきを失わせた未受精卵に黒い系統のカエルの分化した体細胞の核を移植したところ，黒いカエルとなったということから，核には受精卵の核と同様に個体をつくり出すのに必要なすべての遺伝子が含まれていることがわかります。したがって，正解は③となります。

解答番号【8】：3　　⇒**重要度A**

3

問１　血液は静脈（組織→心臓）よりも動脈（心臓→組織）のほうが高い圧力で押し出されています。それに耐えられるように動脈は管壁が肉厚になっています。心臓の筋組織も同様に，肺動脈につながる右心室に比べて大動脈につながっている左心室のほうが分厚い筋肉をもっています。よって，筋組織の薄いＡは肺に血液を送る右心室です。酸素ヘモグロビン（酸素とヘモグロビンが結合したもの）の割合は，全身に血液を送り出すＢの左心室を通る血液のほうが大きいです。したがって，正解は⑤となります。

解答番号【9】：5　⇒**重要度B**

問２　墨汁を腎動脈から注入し，腎臓のろ過の様子を確認する実験です。墨は粒が大きいので，血球やタンパク質と同様に糸球体でボーマンのうへ，ろ過されません。よって，糸球体に残り図３のような黒い点で観察されます。糸球体は毛細血管が絡まりあった球状をしています。腎うとはネフロンで生成された尿の排水溝にあたる部分です。したがって，正解は⑥となります。

解答番号【10】：6　⇒**重要度A**

問３　運動前後の脈拍数を調べて交感神経と副交感神経のはたらきを観察する実験です。交感神経は興奮状態にあるときや精神的あるいは身体的に活動を活発にしなければならないときにはたらきます。副交感神経は休息のときにはたらきます。片方が活発なときは，もう片方が抑えられ，拮抗的な作用により調整されています。運動直後の脈拍数が多くなったのは，交換神経のはたらきによるものです。その後，脈拍数が少なくなっているのは，副交感神経がはたらき，早まった心拍を抑制しているためです。このように体内環境を維持するためにはたらく神経を自律神経といいます。したがって，正解は②となります。

解答番号【11】：2　⇒**重要度A**

問４　糖尿病にはⅠ型とⅡ型があります。Ⅰ型は，すい臓のランゲルハンス島のＢ細胞が破壊され血糖値の上昇を抑えるインスリンの分泌が不十分となります。Ⅱ型は，インスリンは分泌されるが，肝臓がそれに反応してグルコースをグリコーゲンに合成できないため血糖値が上がってしまいます。Ⅱ型は生活習慣病に由来するケースが多く，標的細胞がインスリンに反応できず，血糖値を容易に下げることができずに体に負担がかかります。先生の２度目の発言の前半部分はⅠ型糖尿病，後半部分はⅡ型糖尿病の説明だということがわかります。ここでの標的細胞とは血糖値の調整をする肝細胞のことです。したがって，正解は③となります。

解答番号【12】：3　⇒**重要度B**

問５　体内に抗原が入ると，まず自然免疫がはたらき，次に適応（獲得）免疫がはたらきます。自然免疫では食作用により抗原を取り除きます。食作用ですので，シには好中球が病原体を「取り込んで分解」が入ります。同じように食作用を行うのはマクロファージや樹状細胞ですので，スには「マクロファージ」が入ります。これらのはたらきを自然免疫ということから，セには「自然」が入ります。自然免疫により排除できない抗原に対して適応（獲得）免疫が働きます。したがって，正解は④となります。

解答番号【13】：4　⇒**重要度A**

4

問１　作用とは，たとえば気温上昇により植物の生長に影響が出るというように，非生物的環境が生物に影響を与えることです。環境形成作用とは，たとえば樹木が葉を茂らせると日陰ができ地表付近の温度が下がるというように，生物が非生物的環境に影響を及ぼすことです。非生物環境とは，光・空気・水・土壌・温度・土壌中の有機物などのことです。したがって，正解は⑥となります。

解答番号【14】：6　　⇒ **重要度A**

問２　届く光の少ない林床ではコケ植物やシダ植物が多く育ちます。これらコケ・シダ類は胞子で子孫を残します。胞子は単細胞で，外部にばらまかれた後に受粉します。種子は多細胞で，受粉後に外部にばらまかれます。イタドリやススキは遷移の初期に現れる先駆植物です。土壌の地表に近い部分は，落葉や落枝の層があり，その下には落葉や落枝が分解されてできた有機物（腐植質）と風化した岩石が混じった層つまり腐植土層が見られます。腐植土層は黒っぽい土です。さらに，その下には風化した岩石の層が，またその下には風化前の母岩の層があります。したがって，正解は①となります。

解答番号【15】：1　　⇒ **重要度C**

問３　ビオトープとは，自然の生態系を観察するためにつくられるものです。小学校では学校ビオトープをつくり，授業に活用しています。ある場所の植生が時間とともに変化していく現象を遷移といいます。湖沼に枯葉や土砂や生物の遺体が堆積することにより湖沼が浅くなり，年月をかけて陸地に代わり裸地から始まる遷移のように，地面が現れると草原になり，森林が形成されていきます。このことを湿性遷移と呼びます。したがって，正解は②となります。

解答番号【16】：2　　⇒ **重要度A**

問４　バイオームは年平均気温と年降水量によって決まります。日本は十分な降水量があるので，年平均気温によってバイオームの分布が決まります。気温は標高が 100 m増すごとに 0.5 ～ 0.6℃低下します。山岳地域では山頂に向かうにつれて年平均気温が低下します。図５中のAは，北海道より緯度が高いことがわかります。またA地点の手前が夏緑樹林なので，Aは針葉樹林だとわかります。針葉樹林では，葉の寿命が長く耐寒性が高いトドマツやエゾマツが分布しています。図５中のBの熱帯多雨林では高温・湿潤な気候に適応するヘゴやガジュマル，アコウが分布しています。したがって，正解は④となります。

解答番号【17】：4　　⇒ **重要度A**

5

問１　太陽の光エネルギーを使って無機物である二酸化炭素から有機物をつくりだすものを生産者といいます。生産者のつくった有機物を直接的または間接的に栄養分として利用するものを消費者といいます。会話から，イワナがほかの生物をエサとしていることがわかるのでイワナは消費者です。捕食を通じてつくられる生物のつながりを食物連鎖といいます。生物がほかの生物を捕食して分解し，さらに被食されるという食物連鎖は各々が複雑に絡み合い食物網を形成しています。選択肢の「生態ピラミッド」とは，生産者を第一段として食物連鎖の各段階に属する生物の個体数や生体質量などを表し，栄養段階を積み上げて関係を示したものです。「かく乱」とは，ある生態系の量や物理環境を変えるような作用をいいます。森林生態系の場合，台風・山火事・噴火・雪崩などです。したがって，正解は⑤となります。

解答番号【18】：5　　⇒**重要度A**

問２　窒素循環に関する問題です。有機窒素化合物を食べることより魚から毒性の高いアンモニアが排出されます。アンモニアは水に溶けやすいため，水中でアンモニウムイオンとなります。硝化細菌によりアンモニウムイオンは,毒性の低い亜硝酸や硝酸に変えられます。水中のアンモニウムイオン濃度が増えるとアンモニアが溶け切れなくなり，水質が悪くなります。この硝酸塩を窒素ガスに変えて生態系から大気中に放出するはたらきをするものを脱窒素細菌といいます。したがって，正解は④となります。

解答番号【19】：4　　⇒**重要度B**

問３　本来その生態系にいなかった生物が,人間により持ち込まれ,その生態系の構成種となった生物を外来種といいます。そのなかで環境省により規制や防除の対象としたものを特定外来種と呼びます。オオサンショウウオは日本固有種,ツキノワグマは日本固有亜種です。固有種とはある特定の地域にだけ生息する種のことをいいます。オオクチバスやアライグマは特定外来生物です。絶滅危惧種とは，個体数が著しく減少しており，絶滅の恐れがある種のことです。オオサンショウウオやツキノワグマなどがその例です。したがって，正解は①となります。

解答番号【20】：1　　⇒**重要度A**

第　回　高等学校卒業程度認定試験

生物基礎　解答用紙

氏　名	

受験番号⇒

①	⓪①②③④⑤⑥⑦⑧⑨	⓪①②③④⑤⑥⑦⑧⑨	⓪①②③④⑤⑥⑦⑧⑨	⓪①②③④⑤⑥⑦⑧⑨

生年月日⇒

年号						
明治Ⓜ 大正Ⓣ 昭和Ⓢ 平成Ⓗ	⓪①②③④⑤⑥	⓪①②③④⑤⑥⑦⑧⑨	⓪①	⓪①②③④⑤⑥⑦⑧⑨	⓪①②③	⓪①②③④⑤⑥⑦⑧⑨

（注意事項）
1．記入はすべてＨまたはＨＢの黒色鉛筆を使用してください。
2．訂正するときは、プラスチックの消しゴムで丁寧に消し、消しくずを残さないでください。
3．所定の記入欄以外には何も記入しないでください。
4．解答用紙を汚したり、折り曲げたりしないでください。
5．マーク例　良い例 ●　悪い例

受験地			
北海道	○	滋賀	○
青森	○	京都	○
岩手	○	大阪	○
宮城	○	兵庫	○
秋田	○	奈良	○
山形	○	和歌山	○
福島	○	鳥取	○
茨城	○	島根	○
栃木	○	岡山	○
群馬	○	広島	○
埼玉	○	山口	○
千葉	○	徳島	○
東京	○	香川	○
神奈川	○	愛媛	○
新潟	○	高知	○
富山	○	福岡	○
石川	○	佐賀	○
福井	○	長崎	○
山梨	○	熊本	○
長野	○	大分	○
岐阜	○	宮崎	○
静岡	○	鹿児島	○
愛知	○	沖縄	○
三重	○		

解答番号	解答欄 1 2 3 4 5 6 7 8 9 0	解答番号	解答欄 1 2 3 4 5 6 7 8 9 0	解答番号	解答欄 1 2 3 4 5 6 7 8 9 0
1	①②③④⑤⑥⑦⑧⑨⓪	16	①②③④⑤⑥⑦⑧⑨⓪	31	①②③④⑤⑥⑦⑧⑨⓪
2	①②③④⑤⑥⑦⑧⑨⓪	17	①②③④⑤⑥⑦⑧⑨⓪	32	①②③④⑤⑥⑦⑧⑨⓪
3	①②③④⑤⑥⑦⑧⑨⓪	18	①②③④⑤⑥⑦⑧⑨⓪	33	①②③④⑤⑥⑦⑧⑨⓪
4	①②③④⑤⑥⑦⑧⑨⓪	19	①②③④⑤⑥⑦⑧⑨⓪	34	①②③④⑤⑥⑦⑧⑨⓪
5	①②③④⑤⑥⑦⑧⑨⓪	20	①②③④⑤⑥⑦⑧⑨⓪	35	①②③④⑤⑥⑦⑧⑨⓪
6	①②③④⑤⑥⑦⑧⑨⓪	21	①②③④⑤⑥⑦⑧⑨⓪	36	①②③④⑤⑥⑦⑧⑨⓪
7	①②③④⑤⑥⑦⑧⑨⓪	22	①②③④⑤⑥⑦⑧⑨⓪	37	①②③④⑤⑥⑦⑧⑨⓪
8	①②③④⑤⑥⑦⑧⑨⓪	23	①②③④⑤⑥⑦⑧⑨⓪	38	①②③④⑤⑥⑦⑧⑨⓪
9	①②③④⑤⑥⑦⑧⑨⓪	24	①②③④⑤⑥⑦⑧⑨⓪	39	①②③④⑤⑥⑦⑧⑨⓪
10	①②③④⑤⑥⑦⑧⑨⓪	25	①②③④⑤⑥⑦⑧⑨⓪	40	①②③④⑤⑥⑦⑧⑨⓪
11	①②③④⑤⑥⑦⑧⑨⓪	26	①②③④⑤⑥⑦⑧⑨⓪	41	①②③④⑤⑥⑦⑧⑨⓪
12	①②③④⑤⑥⑦⑧⑨⓪	27	①②③④⑤⑥⑦⑧⑨⓪	42	①②③④⑤⑥⑦⑧⑨⓪
13	①②③④⑤⑥⑦⑧⑨⓪	28	①②③④⑤⑥⑦⑧⑨⓪	43	①②③④⑤⑥⑦⑧⑨⓪
14	①②③④⑤⑥⑦⑧⑨⓪	29	①②③④⑤⑥⑦⑧⑨⓪	44	①②③④⑤⑥⑦⑧⑨⓪
15	①②③④⑤⑥⑦⑧⑨⓪	30	①②③④⑤⑥⑦⑧⑨⓪	45	①②③④⑤⑥⑦⑧⑨⓪

キリトリ線

第　回　高等学校卒業程度認定試験
生物基礎　解答用紙

氏　名	

（注意事項）
1．記入はすべてHまたはHBの黒色鉛筆を使用してください。
2．訂正するときは、プラスチックの消しゴムで丁寧に消し、消しくずを残さないでください。
3．所定の記入欄以外には何も記入しないでください。
4．解答用紙を汚したり、折り曲げたりしないでください。
5．マーク例

良い例 

悪い例 

受験番号⇒

①	⓪①②③④⑤⑥⑦⑧⑨	⓪①②③④⑤⑥⑦⑧⑨	⓪①②③④⑤⑥⑦⑧⑨	⓪①②③④⑤⑥⑦⑧⑨

生年月日⇒

年号						
明治Ⓜ 大正Ⓣ 昭和Ⓢ 平成Ⓗ	⓪①②③④⑤⑥	⓪①②③④⑤⑥⑦⑧⑨	⓪①	⓪①②③④⑤⑥⑦⑧⑨	⓪①②③	⓪①②③④⑤⑥⑦⑧⑨

受験地	
北海道 ○	滋　賀 ○
青　森 ○	京　都 ○
岩　手 ○	大　阪 ○
宮　城 ○	兵　庫 ○
秋　田 ○	奈　良 ○
山　形 ○	和歌山 ○
福　島 ○	鳥　取 ○
茨　城 ○	島　根 ○
栃　木 ○	岡　山 ○
群　馬 ○	広　島 ○
埼　玉 ○	山　口 ○
千　葉 ○	徳　島 ○
東　京 ○	香　川 ○
神奈川 ○	愛　媛 ○
新　潟 ○	高　知 ○
富　山 ○	福　岡 ○
石　川 ○	佐　賀 ○
福　井 ○	長　崎 ○
山　梨 ○	熊　本 ○
長　野 ○	大　分 ○
岐　阜 ○	宮　崎 ○
静　岡 ○	鹿児島 ○
愛　知 ○	沖　縄 ○
三　重 ○	

解答番号	解答欄 1 2 3 4 5 6 7 8 9 0
1	①②③④⑤⑥⑦⑧⑨⓪
2	①②③④⑤⑥⑦⑧⑨⓪
3	①②③④⑤⑥⑦⑧⑨⓪
4	①②③④⑤⑥⑦⑧⑨⓪
5	①②③④⑤⑥⑦⑧⑨⓪
6	①②③④⑤⑥⑦⑧⑨⓪
7	①②③④⑤⑥⑦⑧⑨⓪
8	①②③④⑤⑥⑦⑧⑨⓪
9	①②③④⑤⑥⑦⑧⑨⓪
10	①②③④⑤⑥⑦⑧⑨⓪
11	①②③④⑤⑥⑦⑧⑨⓪
12	①②③④⑤⑥⑦⑧⑨⓪
13	①②③④⑤⑥⑦⑧⑨⓪
14	①②③④⑤⑥⑦⑧⑨⓪
15	①②③④⑤⑥⑦⑧⑨⓪

解答番号	解答欄 1 2 3 4 5 6 7 8 9 0
16	①②③④⑤⑥⑦⑧⑨⓪
17	①②③④⑤⑥⑦⑧⑨⓪
18	①②③④⑤⑥⑦⑧⑨⓪
19	①②③④⑤⑥⑦⑧⑨⓪
20	①②③④⑤⑥⑦⑧⑨⓪
21	①②③④⑤⑥⑦⑧⑨⓪
22	①②③④⑤⑥⑦⑧⑨⓪
23	①②③④⑤⑥⑦⑧⑨⓪
24	①②③④⑤⑥⑦⑧⑨⓪
25	①②③④⑤⑥⑦⑧⑨⓪
26	①②③④⑤⑥⑦⑧⑨⓪
27	①②③④⑤⑥⑦⑧⑨⓪
28	①②③④⑤⑥⑦⑧⑨⓪
29	①②③④⑤⑥⑦⑧⑨⓪
30	①②③④⑤⑥⑦⑧⑨⓪

解答番号	解答欄 1 2 3 4 5 6 7 8 9 0
31	①②③④⑤⑥⑦⑧⑨⓪
32	①②③④⑤⑥⑦⑧⑨⓪
33	①②③④⑤⑥⑦⑧⑨⓪
34	①②③④⑤⑥⑦⑧⑨⓪
35	①②③④⑤⑥⑦⑧⑨⓪
36	①②③④⑤⑥⑦⑧⑨⓪
37	①②③④⑤⑥⑦⑧⑨⓪
38	①②③④⑤⑥⑦⑧⑨⓪
39	①②③④⑤⑥⑦⑧⑨⓪
40	①②③④⑤⑥⑦⑧⑨⓪
41	①②③④⑤⑥⑦⑧⑨⓪
42	①②③④⑤⑥⑦⑧⑨⓪
43	①②③④⑤⑥⑦⑧⑨⓪
44	①②③④⑤⑥⑦⑧⑨⓪
45	①②③④⑤⑥⑦⑧⑨⓪

第　回　高等学校卒業程度認定試験

生物基礎　解答用紙

氏名	

受験番号 ⇒

①	⓪①②③④⑤⑥⑦⑧⑨	⓪①②③④⑤⑥⑦⑧⑨	⓪①②③④⑤⑥⑦⑧⑨	⓪①②③④⑤⑥⑦⑧⑨

生年月日 ⇒

年号						
明治Ⓜ 大正Ⓣ 昭和Ⓢ 平成Ⓗ	⓪①②③④⑤⑥	⓪①②③④⑤⑥⑦⑧⑨	⓪①	⓪①②③④⑤⑥⑦⑧⑨	⓪①②③	⓪①②③④⑤⑥⑦⑧⑨

（注意事項）
1．記入はすべてＨまたはＨＢの黒色鉛筆を使用してください。
2．訂正するときは、プラスチックの消しゴムで丁寧に消し、消しくずを残さないでください。
3．所定の記入欄以外には何も記入しないでください。
4．解答用紙を汚したり、折り曲げたりしないでください。
5．マーク例　良い例　悪い例

受験地			
北海道	○	滋賀	○
青森	○	京都	○
岩手	○	大阪	○
宮城	○	兵庫	○
秋田	○	奈良	○
山形	○	和歌山	○
福島	○	鳥取	○
茨城	○	島根	○
栃木	○	岡山	○
群馬	○	広島	○
埼玉	○	山口	○
千葉	○	徳島	○
東京	○	香川	○
神奈川	○	愛媛	○
新潟	○	高知	○
富山	○	福岡	○
石川	○	佐賀	○
福井	○	長崎	○
山梨	○	熊本	○
長野	○	大分	○
岐阜	○	宮崎	○
静岡	○	鹿児島	○
愛知	○	沖縄	○
三重	○		

解答番号	解答欄 1 2 3 4 5 6 7 8 9 0	解答番号	解答欄 1 2 3 4 5 6 7 8 9 0	解答番号	解答欄 1 2 3 4 5 6 7 8 9 0
1	①②③④⑤⑥⑦⑧⑨⓪	16	①②③④⑤⑥⑦⑧⑨⓪	31	①②③④⑤⑥⑦⑧⑨⓪
2	①②③④⑤⑥⑦⑧⑨⓪	17	①②③④⑤⑥⑦⑧⑨⓪	32	①②③④⑤⑥⑦⑧⑨⓪
3	①②③④⑤⑥⑦⑧⑨⓪	18	①②③④⑤⑥⑦⑧⑨⓪	33	①②③④⑤⑥⑦⑧⑨⓪
4	①②③④⑤⑥⑦⑧⑨⓪	19	①②③④⑤⑥⑦⑧⑨⓪	34	①②③④⑤⑥⑦⑧⑨⓪
5	①②③④⑤⑥⑦⑧⑨⓪	20	①②③④⑤⑥⑦⑧⑨⓪	35	①②③④⑤⑥⑦⑧⑨⓪
6	①②③④⑤⑥⑦⑧⑨⓪	21	①②③④⑤⑥⑦⑧⑨⓪	36	①②③④⑤⑥⑦⑧⑨⓪
7	①②③④⑤⑥⑦⑧⑨⓪	22	①②③④⑤⑥⑦⑧⑨⓪	37	①②③④⑤⑥⑦⑧⑨⓪
8	①②③④⑤⑥⑦⑧⑨⓪	23	①②③④⑤⑥⑦⑧⑨⓪	38	①②③④⑤⑥⑦⑧⑨⓪
9	①②③④⑤⑥⑦⑧⑨⓪	24	①②③④⑤⑥⑦⑧⑨⓪	39	①②③④⑤⑥⑦⑧⑨⓪
10	①②③④⑤⑥⑦⑧⑨⓪	25	①②③④⑤⑥⑦⑧⑨⓪	40	①②③④⑤⑥⑦⑧⑨⓪
11	①②③④⑤⑥⑦⑧⑨⓪	26	①②③④⑤⑥⑦⑧⑨⓪	41	①②③④⑤⑥⑦⑧⑨⓪
12	①②③④⑤⑥⑦⑧⑨⓪	27	①②③④⑤⑥⑦⑧⑨⓪	42	①②③④⑤⑥⑦⑧⑨⓪
13	①②③④⑤⑥⑦⑧⑨⓪	28	①②③④⑤⑥⑦⑧⑨⓪	43	①②③④⑤⑥⑦⑧⑨⓪
14	①②③④⑤⑥⑦⑧⑨⓪	29	①②③④⑤⑥⑦⑧⑨⓪	44	①②③④⑤⑥⑦⑧⑨⓪
15	①②③④⑤⑥⑦⑧⑨⓪	30	①②③④⑤⑥⑦⑧⑨⓪	45	①②③④⑤⑥⑦⑧⑨⓪

キリトリ線

第　　回　高等学校卒業程度認定試験

生物基礎　解答用紙

氏　名	

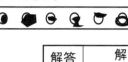

（注意事項）
1．記入はすべてＨまたはＨＢの黒色鉛筆を使用してください。
2．訂正するときは、プラスチックの消しゴムで丁寧に消し、消しくずを残さないでください。
3．所定の記入欄以外には何も記入しないでください。
4．解答用紙を汚したり、折り曲げたりしないでください。
5．マーク例

良い例	●

悪い例	

受験番号⇒

①	⓪①②③④⑤⑥⑦⑧⑨	⓪①②③④⑤⑥⑦⑧⑨	⓪①②③④⑤⑥⑦⑧⑨	⓪①②③④⑤⑥⑦⑧⑨

生年月日⇒

年号						
明治Ⓜ 大正Ⓣ 昭和Ⓢ 平成Ⓗ	⓪①②③④⑤⑥	⓪①②③④⑤⑥⑦⑧⑨	⓪①	⓪①②③④⑤⑥⑦⑧⑨	⓪①②③	⓪①②③④⑤⑥⑦⑧⑨

受　験　地	
北海道 ○	滋　賀 ○
青　森 ○	京　都 ○
岩　手 ○	大　阪 ○
宮　城 ○	兵　庫 ○
秋　田 ○	奈　良 ○
山　形 ○	和歌山 ○
福　島 ○	鳥　取 ○
茨　城 ○	島　根 ○
栃　木 ○	岡　山 ○
群　馬 ○	広　島 ○
埼　玉 ○	山　口 ○
千　葉 ○	徳　島 ○
東　京 ○	香　川 ○
神奈川 ○	愛　媛 ○
新　潟 ○	高　知 ○
富　山 ○	福　岡 ○
石　川 ○	佐　賀 ○
福　井 ○	長　崎 ○
山　梨 ○	熊　本 ○
長　野 ○	大　分 ○
岐　阜 ○	宮　崎 ○
静　岡 ○	鹿児島 ○
愛　知 ○	沖　縄 ○
三　重 ○	

解答番号	解　答　欄 1 2 3 4 5 6 7 8 9 0
1	①②③④⑤⑥⑦⑧⑨⓪
2	①②③④⑤⑥⑦⑧⑨⓪
3	①②③④⑤⑥⑦⑧⑨⓪
4	①②③④⑤⑥⑦⑧⑨⓪
5	①②③④⑤⑥⑦⑧⑨⓪
6	①②③④⑤⑥⑦⑧⑨⓪
7	①②③④⑤⑥⑦⑧⑨⓪
8	①②③④⑤⑥⑦⑧⑨⓪
9	①②③④⑤⑥⑦⑧⑨⓪
10	①②③④⑤⑥⑦⑧⑨⓪
11	①②③④⑤⑥⑦⑧⑨⓪
12	①②③④⑤⑥⑦⑧⑨⓪
13	①②③④⑤⑥⑦⑧⑨⓪
14	①②③④⑤⑥⑦⑧⑨⓪
15	①②③④⑤⑥⑦⑧⑨⓪

解答番号	解　答　欄 1 2 3 4 5 6 7 8 9 0
16	①②③④⑤⑥⑦⑧⑨⓪
17	①②③④⑤⑥⑦⑧⑨⓪
18	①②③④⑤⑥⑦⑧⑨⓪
19	①②③④⑤⑥⑦⑧⑨⓪
20	①②③④⑤⑥⑦⑧⑨⓪
21	①②③④⑤⑥⑦⑧⑨⓪
22	①②③④⑤⑥⑦⑧⑨⓪
23	①②③④⑤⑥⑦⑧⑨⓪
24	①②③④⑤⑥⑦⑧⑨⓪
25	①②③④⑤⑥⑦⑧⑨⓪
26	①②③④⑤⑥⑦⑧⑨⓪
27	①②③④⑤⑥⑦⑧⑨⓪
28	①②③④⑤⑥⑦⑧⑨⓪
29	①②③④⑤⑥⑦⑧⑨⓪
30	①②③④⑤⑥⑦⑧⑨⓪

解答番号	解　答　欄 1 2 3 4 5 6 7 8 9 0
31	①②③④⑤⑥⑦⑧⑨⓪
32	①②③④⑤⑥⑦⑧⑨⓪
33	①②③④⑤⑥⑦⑧⑨⓪
34	①②③④⑤⑥⑦⑧⑨⓪
35	①②③④⑤⑥⑦⑧⑨⓪
36	①②③④⑤⑥⑦⑧⑨⓪
37	①②③④⑤⑥⑦⑧⑨⓪
38	①②③④⑤⑥⑦⑧⑨⓪
39	①②③④⑤⑥⑦⑧⑨⓪
40	①②③④⑤⑥⑦⑧⑨⓪
41	①②③④⑤⑥⑦⑧⑨⓪
42	①②③④⑤⑥⑦⑧⑨⓪
43	①②③④⑤⑥⑦⑧⑨⓪
44	①②③④⑤⑥⑦⑧⑨⓪
45	①②③④⑤⑥⑦⑧⑨⓪

第　　回　高等学校卒業程度認定試験

生物基礎　解答用紙

氏　名	

受験番号 ⇒

①	⓪①②③④⑤⑥⑦⑧⑨	⓪①②③④⑤⑥⑦⑧⑨	⓪①②③④⑤⑥⑦⑧⑨	⓪①②③④⑤⑥⑦⑧⑨

生年月日 ⇒

年号						
明治Ⓜ 大正Ⓣ 昭和Ⓢ 平成Ⓗ	⓪①②③④⑤⑥	⓪①②③④⑤⑥⑦⑧⑨	⓪①	⓪①②③④⑤⑥⑦⑧⑨	⓪①②③	⓪①②③④⑤⑥⑦⑧⑨

（注意事項）
1．記入はすべてＨまたはＨＢの黒色鉛筆を使用してください。
2．訂正するときは、プラスチックの消しゴムで丁寧に消し、消しくずを残さないでください。
3．所定の記入欄以外には何も記入しないでください。
4．解答用紙を汚したり、折り曲げたりしないでください。
5．マーク例

良い例	●

悪い例	

受験地			
北海道	○	滋　賀	○
青　森	○	京　都	○
岩　手	○	大　阪	○
宮　城	○	兵　庫	○
秋　田	○	奈　良	○
山　形	○	和歌山	○
福　島	○	鳥　取	○
茨　城	○	島　根	○
栃　木	○	岡　山	○
群　馬	○	広　島	○
埼　玉	○	山　口	○
千　葉	○	徳　島	○
東　京	○	香　川	○
神奈川	○	愛　媛	○
新　潟	○	高　知	○
富　山	○	福　岡	○
石　川	○	佐　賀	○
福　井	○	長　崎	○
山　梨	○	熊　本	○
長　野	○	大　分	○
岐　阜	○	宮　崎	○
静　岡	○	鹿児島	○
愛　知	○	沖　縄	○
三　重	○		

解答番号	解　答　欄 1 2 3 4 5 6 7 8 9 0
1	①②③④⑤⑥⑦⑧⑨⓪
2	①②③④⑤⑥⑦⑧⑨⓪
3	①②③④⑤⑥⑦⑧⑨⓪
4	①②③④⑤⑥⑦⑧⑨⓪
5	①②③④⑤⑥⑦⑧⑨⓪
6	①②③④⑤⑥⑦⑧⑨⓪
7	①②③④⑤⑥⑦⑧⑨⓪
8	①②③④⑤⑥⑦⑧⑨⓪
9	①②③④⑤⑥⑦⑧⑨⓪
10	①②③④⑤⑥⑦⑧⑨⓪
11	①②③④⑤⑥⑦⑧⑨⓪
12	①②③④⑤⑥⑦⑧⑨⓪
13	①②③④⑤⑥⑦⑧⑨⓪
14	①②③④⑤⑥⑦⑧⑨⓪
15	①②③④⑤⑥⑦⑧⑨⓪

解答番号	解　答　欄 1 2 3 4 5 6 7 8 9 0
16	①②③④⑤⑥⑦⑧⑨⓪
17	①②③④⑤⑥⑦⑧⑨⓪
18	①②③④⑤⑥⑦⑧⑨⓪
19	①②③④⑤⑥⑦⑧⑨⓪
20	①②③④⑤⑥⑦⑧⑨⓪
21	①②③④⑤⑥⑦⑧⑨⓪
22	①②③④⑤⑥⑦⑧⑨⓪
23	①②③④⑤⑥⑦⑧⑨⓪
24	①②③④⑤⑥⑦⑧⑨⓪
25	①②③④⑤⑥⑦⑧⑨⓪
26	①②③④⑤⑥⑦⑧⑨⓪
27	①②③④⑤⑥⑦⑧⑨⓪
28	①②③④⑤⑥⑦⑧⑨⓪
29	①②③④⑤⑥⑦⑧⑨⓪
30	①②③④⑤⑥⑦⑧⑨⓪

解答番号	解　答　欄 1 2 3 4 5 6 7 8 9 0
31	①②③④⑤⑥⑦⑧⑨⓪
32	①②③④⑤⑥⑦⑧⑨⓪
33	①②③④⑤⑥⑦⑧⑨⓪
34	①②③④⑤⑥⑦⑧⑨⓪
35	①②③④⑤⑥⑦⑧⑨⓪
36	①②③④⑤⑥⑦⑧⑨⓪
37	①②③④⑤⑥⑦⑧⑨⓪
38	①②③④⑤⑥⑦⑧⑨⓪
39	①②③④⑤⑥⑦⑧⑨⓪
40	①②③④⑤⑥⑦⑧⑨⓪
41	①②③④⑤⑥⑦⑧⑨⓪
42	①②③④⑤⑥⑦⑧⑨⓪
43	①②③④⑤⑥⑦⑧⑨⓪
44	①②③④⑤⑥⑦⑧⑨⓪
45	①②③④⑤⑥⑦⑧⑨⓪

キ リ ト リ 線

第　　回　高等学校卒業程度認定試験

生物基礎　解答用紙

氏　名	

受験番号⇒

①	⓪①②③④⑤⑥⑦⑧⑨	⓪①②③④⑤⑥⑦⑧⑨	⓪①②③④⑤⑥⑦⑧⑨	⓪①②③④⑤⑥⑦⑧⑨

生年月日⇒

年号						
明治Ⓜ 大正Ⓣ 昭和Ⓢ 平成Ⓗ	⓪①②③④⑤⑥	⓪①②③④⑤⑥⑦⑧⑨	⓪①	⓪①②③④⑤⑥⑦⑧⑨	⓪①②③	⓪①②③④⑤⑥⑦⑧⑨

（注意事項）
1．記入はすべてＨまたはＨＢの黒色鉛筆を使用してください。
2．訂正するときは、プラスチックの消しゴムで丁寧に消し、消しくずを残さないでください。
3．所定の記入欄以外には何も記入しないでください。
4．解答用紙を汚したり、折り曲げたりしないでください。
5．マーク例　良い例　悪い例

受験地	
北海道 〇	滋　賀 〇
青　森 〇	京　都 〇
岩　手 〇	大　阪 〇
宮　城 〇	兵　庫 〇
秋　田 〇	奈　良 〇
山　形 〇	和歌山 〇
福　島 〇	鳥　取 〇
茨　城 〇	島　根 〇
栃　木 〇	岡　山 〇
群　馬 〇	広　島 〇
埼　玉 〇	山　口 〇
千　葉 〇	徳　島 〇
東　京 〇	香　川 〇
神奈川 〇	愛　媛 〇
新　潟 〇	高　知 〇
富　山 〇	福　岡 〇
石　川 〇	佐　賀 〇
福　井 〇	長　崎 〇
山　梨 〇	熊　本 〇
長　野 〇	大　分 〇
岐　阜 〇	宮　崎 〇
静　岡 〇	鹿児島 〇
愛　知 〇	沖　縄 〇
三　重 〇	

解答番号	解　答　欄 1 2 3 4 5 6 7 8 9 0
1	①②③④⑤⑥⑦⑧⑨⓪
2	①②③④⑤⑥⑦⑧⑨⓪
3	①②③④⑤⑥⑦⑧⑨⓪
4	①②③④⑤⑥⑦⑧⑨⓪
5	①②③④⑤⑥⑦⑧⑨⓪
6	①②③④⑤⑥⑦⑧⑨⓪
7	①②③④⑤⑥⑦⑧⑨⓪
8	①②③④⑤⑥⑦⑧⑨⓪
9	①②③④⑤⑥⑦⑧⑨⓪
10	①②③④⑤⑥⑦⑧⑨⓪
11	①②③④⑤⑥⑦⑧⑨⓪
12	①②③④⑤⑥⑦⑧⑨⓪
13	①②③④⑤⑥⑦⑧⑨⓪
14	①②③④⑤⑥⑦⑧⑨⓪
15	①②③④⑤⑥⑦⑧⑨⓪

解答番号	解　答　欄 1 2 3 4 5 6 7 8 9 0
16	①②③④⑤⑥⑦⑧⑨⓪
17	①②③④⑤⑥⑦⑧⑨⓪
18	①②③④⑤⑥⑦⑧⑨⓪
19	①②③④⑤⑥⑦⑧⑨⓪
20	①②③④⑤⑥⑦⑧⑨⓪
21	①②③④⑤⑥⑦⑧⑨⓪
22	①②③④⑤⑥⑦⑧⑨⓪
23	①②③④⑤⑥⑦⑧⑨⓪
24	①②③④⑤⑥⑦⑧⑨⓪
25	①②③④⑤⑥⑦⑧⑨⓪
26	①②③④⑤⑥⑦⑧⑨⓪
27	①②③④⑤⑥⑦⑧⑨⓪
28	①②③④⑤⑥⑦⑧⑨⓪
29	①②③④⑤⑥⑦⑧⑨⓪
30	①②③④⑤⑥⑦⑧⑨⓪

解答番号	解　答　欄 1 2 3 4 5 6 7 8 9 0
31	①②③④⑤⑥⑦⑧⑨⓪
32	①②③④⑤⑥⑦⑧⑨⓪
33	①②③④⑤⑥⑦⑧⑨⓪
34	①②③④⑤⑥⑦⑧⑨⓪
35	①②③④⑤⑥⑦⑧⑨⓪
36	①②③④⑤⑥⑦⑧⑨⓪
37	①②③④⑤⑥⑦⑧⑨⓪
38	①②③④⑤⑥⑦⑧⑨⓪
39	①②③④⑤⑥⑦⑧⑨⓪
40	①②③④⑤⑥⑦⑧⑨⓪
41	①②③④⑤⑥⑦⑧⑨⓪
42	①②③④⑤⑥⑦⑧⑨⓪
43	①②③④⑤⑥⑦⑧⑨⓪
44	①②③④⑤⑥⑦⑧⑨⓪
45	①②③④⑤⑥⑦⑧⑨⓪

2024　高卒認定スーパー実戦過去問題集
生物基礎

2024 年　3 月 26 日　初版　第 1 刷発行

編集：J-出版編集部
制作：J-Web School
発行：J-出版
〒112-0002 東京都文京区小石川2-3-4 第一川田ビル TEL 03-5800-0552
J-出版.Net　http://www.j-publish.net/

この本についてのご質問・ご要望は次のところへお願いいたします。
*企画・編集内容に関することは、J-出版編集部（03-5800-0552）
*在庫・不良品（乱丁・落丁等）に関することは、J-出版（03-5800-0552）
*定価はカバーに記載してあります。

ISBN978-4-909326-96-6 C7300 Printed in Japan